国际航运中心建设前沿丛书/於世成　主编

上海市“十二五”重点图书

2012—2013中国邮轮发展报告

2012-2013 China Cruise Industry Development Report

中国交通运输协会邮轮游艇分会
上海市虹口区人民政府　　编著
上海国际航运研究中心

图书在版编目（CIP）数据

2012—2013中国邮轮发展报告/中国交通运输协会邮轮游艇分会，上海市虹口区人民政府，上海国际航运研究中心编著. —上海：上海浦江教育出版社有限公司，2013.10
（国际航运中心建设前沿丛书/於世成主编）
ISBN 978-7-81121-303-4

Ⅰ.①2… Ⅱ.①中…②上…③上… Ⅲ.①旅游船－旅游业发展－研究报告－中国－2012—2013 Ⅳ.①F592.3

中国版本图书馆CIP数据核字（2013）第234756号

上海浦江教育出版社出版
社址：上海海港大道1550号上海海事大学校内　邮政编码：201306
电话：(021)38284910/12(发行)　38284923(总编室)　38284916(传真)
E-mail: cbs@shmtu.edu.cn　URL: http://www.pujiangpress.cn
上海星海印刷公司印装　上海浦江教育出版社发行
幅面尺寸：205 mm×260 mm　印张：6　字数：180千字
2013年10月第1版　2013年10月第1次印刷
责任编辑：丁　慧　封面设计：房　娟
定价：1000.00元

编著单位

中国交通运输协会邮轮游艇分会（CCYIA）

上海市虹口区人民政府

上海国际航运研究中心（SISI）

编写顾问

钱永昌　　中国交通运输协会会长

叶　剑　　中国口岸协会会长

吴　清　　上海市虹口区人民政府区长

张锡平　　上海市虹口区人民政府副区长

张际庆　　中交协邮轮游艇分会会长、中国外轮代理有限公司总经理

肖宝家　　中交协邮轮游艇分会副会长、上海海事大学副校长

陆清冬　　中交协邮轮游艇分会副秘书长、上海市虹口区政协副主席

张　萍　　上海市虹口区投资促进办公室（航运办）主任

真　虹　　上海国际航运研究中心秘书长、上海海事大学教授

总策划

郑炜航　　中国交通运输协会邮轮游艇分会常务副会长、秘书长

主　编

程爵浩　　上海海事大学经济管理学院副教授、中国交通运输协会邮轮游艇分会副秘书长、上海国际航运研究中心邮轮经济研究所副所长

副主编

方　璇　　中国交通运输协会邮轮游艇分会研究部主任助理

编写人员

惠建华　　中国交通运输协会办公室副主任

张　建　　中国交通运输协会邮轮游艇分会综合部副主任

董　玮　　中国交通运输协会邮轮游艇分会研究部主任助理

金慧莲　　上海市虹口区投资促进办公室副主任

伍志勇　　上海市虹口区投资促进办公室招商促进科科长

王　昕　　中国交通运输协会邮轮游艇分会综合部主任助理

徐　欢　　中国交通运输协会邮轮游艇分会研究部研究助理

刘　伟　　上海国际航运研究中心邮轮经济研究所研究助理

许宜滢　　上海国际航运研究中心邮轮经济研究所研究助理

张言庆　　青岛大学旅游学院旅游系主任副教授

陈　丞　　上海国际航运研究中心邮轮经济研究所研究助理

甘胜军　　上海国际航运研究中心邮轮经济研究所研究助理

序

中国邮轮旅游经济亟需总体规划

与美欧的海洋旅游大国相比，我国的海洋旅游特别是邮轮旅游刚刚走过6～7年时间，处于快速发展阶段，还有极大的提升空间，突出表现为：①邮轮旅游产品、出境游航线有待进一步丰富；②邮轮旅游资源尤其是邮轮入境游的开发有待进一步加大；③邮轮旅游消费的认知度有待进一步提升；④邮轮旅游城市、港口间的合作有待进一步加强；⑤邮轮人才教育、培训体系有待进一步构架；⑥邮轮可持续发展的战略有待进一步确立等。

目前，我国各地邮轮经济自由发展，邮轮港口建设你追我赶，泛珠三角的广州、深圳、北海、三亚、海口、香港等，长三角的上海、舟山、宁波、南京等，渤海湾的天津、青岛、大连、烟台等。邮轮码头有的已经投入使用，有的正在规划建设，有的城市新建两个或准备扩建二期，如缺乏全国通盘规划和区域协调，几年后新一轮恶性竞争必将出现。

国家旅游局2013年初下发通知，要求各地通过对海洋旅游资源的开发，打造海洋旅游拳头产品，广泛吸引海外游客聚焦中国、游览中国。同时，通过海洋旅游主题年，积极营造国内民众参与旅游、体验旅游的良好氛围。还特别提到“加大邮轮旅游、休闲度假、体育健身、创意文化等新产品开发力度，培育旅游新业态，优化产品结构，提升服务质量，创新发展模式，推动我国旅游业又好又快发展”。

2013年4月10日，中共中央总书记、国家主席、中央军委主席习近平到三亚凤凰岛国际邮轮港考察。习近平一行视察了海关、边检、检验检疫等出入境办证窗口，同旅客们亲切交谈。他指出，要发展高水平旅游业，要抓硬件，更要抓软件，特别要提高服务质量、推进精细化管理，以优质服务赢得旅客的笑脸和称赞，赢得持久的人气和效益。可以这样解读：这是新一届中央政府对发展邮轮新兴经济的支持和肯定，更是中国邮轮业的新契机。

中国邮轮进入大船时代，我认为亟需制定《中国邮轮旅游经济总体规划》，就中国邮轮发展定位、发展目标、发展阶段、邮轮旅游线路、邮轮目的地、邮轮人才培育、邮轮发展政策等方面进行总体规划，提出建设性、指导性意见，以便充分组合国内邮轮旅游资源，有效指导各地协调发展，使中国的邮轮旅游焕发更大活力，在亚洲邮轮发展新格局中处于更加有利地位。

郑炜航

中国交通运输协会邮轮游艇分会
常务副会长兼秘书长

序

夯实基础、抓住机遇，迎接邮轮产业新的腾飞

随着国际邮轮市场东移，中国已成为世界各大邮轮公司争相抢夺的新兴市场，而邮轮度假方式及其产业经济效益也逐渐被国人认知和接受。2012年9月，国家旅游局正式批复同意上海成为全国首个“中国邮轮旅游发展实验区”，为国内邮轮产业发展创造了新的机遇。

经过多年的尝试与努力，上海作为邮轮旅游目的地和集散地的功能日益显现，同时，邮轮新兴业态培育和发展屡有突破，邮轮实验区内涵不断丰富，上海在中国邮轮产业发展中的地位日益提高。

作为“中国邮轮旅游发展实验区”的重点区域之一，北外滩区域航运历史文化底蕴深厚，航运产业基础扎实，航运功能要素齐全，2012年8月被原交通部授予全国首个“航运服务总部基地”称号。一直以来，北外滩在推动上海乃至全国邮轮市场启航、发展的过程中发挥了重要作用，被业界称为“中国现代邮轮经济的发源地”。

近年来，在不断完善邮轮母港建设的基础上，北外滩积极探索拓展邮轮产业链条，丰富本土邮轮市场，鼓励邮轮公司、邮轮旅行社、邮轮船供、邮轮咨询公司等落户，切实提升邮轮对区域发展的经济效益。2012年，北外滩交响音乐会、第二届北外滩邮轮文化节、2012亚洲邮轮大会等大型活动相继在北外滩成功举办，进一步宣传普及邮轮文化，烘托渲染邮轮市场氛围。

《中国邮轮发展报告》已连续4年在北外滩成功发布，以其翔实的数据、专业的视角记录了多年来中国邮轮市场起步和成长的点滴，得到业界广泛认可，无愧“中国邮轮发展白皮书”称号。相信最新一版的《2012—2013中国邮轮发展报告》也将不负众望，让大家对中国及全球邮轮产业发展及布局有更为全面、深入的了解。我们也将再接再厉，不断培育、丰富邮轮市场主体，充实“中国邮轮旅游发展实验区”内涵，携手共进，全面提升邮轮产业经济效益，共同推进中国邮轮市场繁荣发展！

上海市虹口区人民政府副区长

序

多方助推我国邮轮事业向更高层次迈进

随着我国经济的发展，居民收入水平和闲暇时间的增加，我国邮轮旅游正进入快速发展阶段，邮轮产业迎来空前的发展机遇期。上海、厦门、三亚、天津、大连等多个港口城市纷纷斥资兴建邮轮码头，广州、深圳、珠海、海口、宁波、青岛、秦皇岛等沿海城市也密切关注邮轮产业的发展动向，不仅为吸引外资邮轮到访提供了良好的设施条件，同时为区域经济发展赢得了新的增长点。

经过近年来邮轮产业在亚洲区域和国内主要沿海城市的快速发展，中央和地方各级政府，以及主要港口城市对发展邮轮经济有了更为清晰、明确的认识。在邮轮产业发展过程中，除了一如既往地投注发展热情，更注重对长远发展的理性思考和战略探索，主要表现在以下三大方面。

一是国家陆续出台指导性意见，重视邮轮产业发展引导。《国家发展改革委关于促进我国邮轮业发展的指导意见》提出的“两步走”的战略，国家有关部门加强协调，按一定机制研究出台多方面配套优惠政策，在国家统一掌握发展节奏和建设布局的情况下，逐步进入国际邮轮产业网络。在《国民旅游休闲纲要（2013—2020年）》中明确提出：支持邮轮游艇码头等旅游休闲基础设施建设；积极发展邮轮游艇旅游等旅游休闲产品。《服务业发展“十二五”规划》中也要求在有条件的港口发展集娱乐、休闲、餐饮、购物于一体的邮轮经济。《全国海洋经济发展“十二五”规划》提出，要大力发展邮轮经济，推进大连、天津、青岛、上海、厦门、深圳、北海、三亚等港口邮轮运输，完善港口码头的旅游服务功能，支持有条件的地方发展成为邮轮母港。

二是行业主管部门加强政策扶持，注重邮轮产业发展的实效。交通运输部就加强大型客船安全管理、加强国际海上旅客运输市场准入管理提出了具体的工作要求，并组织各地行业主管部门就制定出台邮轮运营管理办法开展前期研究工作。国家旅游局积极贯彻CEPA补充协议中关于“加大力度支持以香港为母港的邮轮旅游发展”的措施精神，提出加大与香港合作，推动内地沿海地区与香港共同设计“一程多站”旅游线路，加快两地在邮轮旅游营运管理和服务安排的对接，为内地游客提供更多的邮轮旅游产品；同时，在沪批准设立我国第一个国家级邮轮旅游试验区——“中国邮轮旅游发展实验区”，鼓励上海率先探索我国邮轮旅游新模式；沿海各主要城市也就加快邮轮码头的开发建设，推动海关、检验检疫、边检、海事等口岸单位开展邮轮领域合作，创新邮轮通关、监管模式，增强区域邮轮及港口信息共享和资源整合，联合开发邮轮旅游休闲产品，创建国际邮轮旅游人才培训基地等方面提出指导意见和相应的扶持政策，为区域邮轮经济发展提供良好的外部环境。

三是行业主体全方位涉足产业发展，探索邮轮产业链条延伸。邮轮产业是由运输业、旅行业和观光休闲业三者交叉形成的新兴产业，涵盖了船舶制造、港口服务、后勤保障、交通运输、游览观光、餐饮购物、银行保险、教育培训、政府服务等行业。过去，我国邮轮产业发展仍处于粗放式发展阶段，发展力量主要集中在标志性的码头建设、港口服务和传统型的游览观光、餐饮购物等方面。而今，长航重工金陵造船厂承接了“泰坦尼克号Ⅱ”豪华邮轮的建造，表明中国造船企业开始涉足邮轮制造业，填补了我国在邮轮建造方面的空白。中国民营、国有资本纷纷试水邮轮产业，厦门环球邮轮公司、中国邮轮有限公司和海航旅业邮轮游艇管理有限公司先后成立，壮大了中国本土邮轮企业实力，打破了中国邮轮市场基本由国外邮轮公司垄断的局面。此外，对邮轮专业人才培训和教育的重视程度进一步提高，上海、天津等地大多采用与国际知名企业合作办学的模式培养邮轮人才，表明在邮轮人才培育的过程中更加注重与企业实际需求的对接。行业主体在邮轮产业细分领域的积极探索，将进一步加快健全我国邮轮产业体系。

上海国际航运研究中心（SISI）是一家专业从事国际航运发展研究的咨询机构。在成立的4年多时间内，始终致力于为政府、国内外航运企业与相关机构提供决策咨询和信息服务。邮轮经济研究所作为上海国际航运研究中心搭建的对外开放式研究平台之一，时刻保持与邮轮业界的紧密联系，主动参与邮轮产业的发展研究，研究领域涉及邮轮产业战略研究、政策研究、规划研究、经济影响研究、软环境研究，连续编制市场调研及年度分析报告，积极培育邮轮经营管理高级人才等，研究成果以多种形式为各级、各地行业主管部门提供决策参考，部分已在行业得到实施推广，成为推动我国邮轮事业发展的一支重要力量。

未来，上海国际航运研究中心及其所属的邮轮经济研究所将进一步加强与政府部门、邮轮业界的联系与合作，发挥政府、业界、学界相互沟通、共同发展的桥梁作用，携手助推我国邮轮事业向更高层次迈进。

上海国际航运研究中心秘书长

目 录

第一章　全球邮轮发展状况分析

一、全球邮轮市场格局概况

可圈可点：国际旅游市场逆势强劲增长

2012年全球经济增长仍然存在不稳定因素，但世界旅游业表现仍然可圈可点。总部设在西班牙马德里的世界旅游组织2013年1月29日发布的统计数据表明，2012年全球旅游人数增长4%，其中新兴市场国家国际游客人数增长达到4.1%，领先于发达国家的3.6%，亚太地区更是以7%的增长领先全球。2012年全球旅游人数达到10.35亿人次，首次突破10亿大关。据该组织预测，2013年全球旅游人数的增长将略低于2012年，但幅度仍维持在3%～4%，这一增长符合旅游组织对旅游行业的长期预测，即从目前到2030年，全球旅游业将以年均3.8%的速度持续增长。在以区域划分的旅游业增长中，亚太地区的增长在2013年仍将位居全球之首，增幅为5%～6%；非洲地区以4%～5%的增长紧随其后；然后是美洲和欧洲，增长率分别为3%～4%和2%～3%。另据该组织统计，2012年游客在国外开支增长幅度最高的国家是中国和俄罗斯，分别增长42%和31%。

世界旅游组织首席新闻官马塞洛·瑞希指出，2012年全球旅游人数实现逆势增长主要有两方面的原因。首先，经济危机并未影响全球所有经济体，以中国、巴西等国家为代表的新兴市场不管是作为游客来源地还是接受地均表现突出，推动了全球旅游人数的增长。第二，旅游业自身的适应能力较强。联合国环境规划署2012年将旅游业确认为十大促进世界经济的关键产业，而发展中国家正在把握旅游产业带来的机遇。

邮轮产业：北美趋于成熟，欧洲快速前进，亚洲酝酿兴起

根据欧洲邮轮协会（European Cruise Council，ECC）的统计，2011年世界邮轮船队扩充8艘新船，共计20 000客位，参与邮轮假期的游客总量达2 061万人次，与2010年相比同比增长9.92%（见表1-1），与2001年相比游客总量翻了一番还多。

表 1-1　2006—2011年全球邮轮市场规模（游客量）

区域	2006年	2007年	2008年	2009年	2010年	2011年
北美地区/百万人次	10.38	10.45	10.29	10.40	10.78	11.52
欧洲地区*/百万人次	3.44	4.05	4.46	5.00	5.57	6.18
其他地区**/百万人次	1.29	1.37	1.45	2.18	2.40	2.91
全球总量/百万人次	15.11	15.87	16.20	17.58	18.75	20.61
年增长率/%	5.60	5.10	2.10	7.90	6.70	9.90
北美地区比例/%	68.70	65.80	63.50	59.20	57.50	55.90
注：*包括东欧乘客；**包括游船乘客。						
资料来源：ECC Annual Report 2012/2013。						

根据全球权威邮轮机构与组织（PSA，CLIA，ECC）预测，2015年和2020年全球邮轮乘客将分别达到2 500万和3 000万人次的规模。其中，欧洲和亚洲市场的增速将表现得更为明显。

北美市场是邮轮旅游发展繁盛的根据地，一直在世界邮轮旅游市场中占据最重要的版图。该地区拥有众多运营优良的邮轮码头、完备的邮轮政策和产品销售网络以及根深蒂固的市场基础。近些年的情况表明，北美市场份额仍为全球各地区之首，但增长的速度逐步趋于平缓。从2000年到2011年，北美本土邮轮乘客数量上涨了66%，但是从世界范围来看，北美本土客源比例已经从2000年的69.77%下降到2011年的55.90%。欧洲及其他地区正快速抢占市场。

欧洲是紧随北美之后的全球第二大邮轮市场。尽管金融危机对该地区的旅游市场造成较大的冲击，欧洲仍为全球邮轮市场发展最为迅猛的地区，2011年仍然保持着两位数的增长率（见表1-2）。其中，英国市场是近年来冉冉升起的一颗明星，在欧洲市场中起到“领头羊”的作用，德国市场的发展也不容小觑，已成为紧随英国之后的欧洲第二大邮轮市场区。从市场条件看，欧洲拥有5亿人口，美国仅有3亿人口，且欧洲民众拥有更长的假期以及更丰富和邻近的目的地可供选择，可以预见，欧洲市场所蕴藏的更大发展潜力无疑有待进一步激活。

表1-2　2007—2011年北美和欧洲邮轮市场增长率比较　　%

年份	北美市场增长率	欧洲市场增长率
2007	0.7	17.7
2008	-1.5	10.1
2009	1.1	12.1
2010	3.7	11.4
2011	6.9	11.0

资料来源：ECC Annual Report 2012/2013。

亚太地区邮轮旅游发展速度迅猛。亚洲经济持续繁荣，中产阶级的规模呈几何形式扩张。同时，大规模的新港口兴建、政府的大力支持以及邮轮企业的努力扩张和推广，使得越来越多的亚洲民众对邮轮旅游这一新兴旅游形式产生兴趣，这些因素都将推动亚洲邮轮市场的不断拓展。中国和印度被视为是亚洲旅游市场复苏的主要动力区，日韩的市场也保持稳健的发展。

2013年全球邮轮市场格局预测

2013年全球主要邮轮企业——皇家加勒比游轮（RCL）和嘉年华邮轮（CCL）及其他邮轮品牌市场份额预测见图1-1和表1-3。

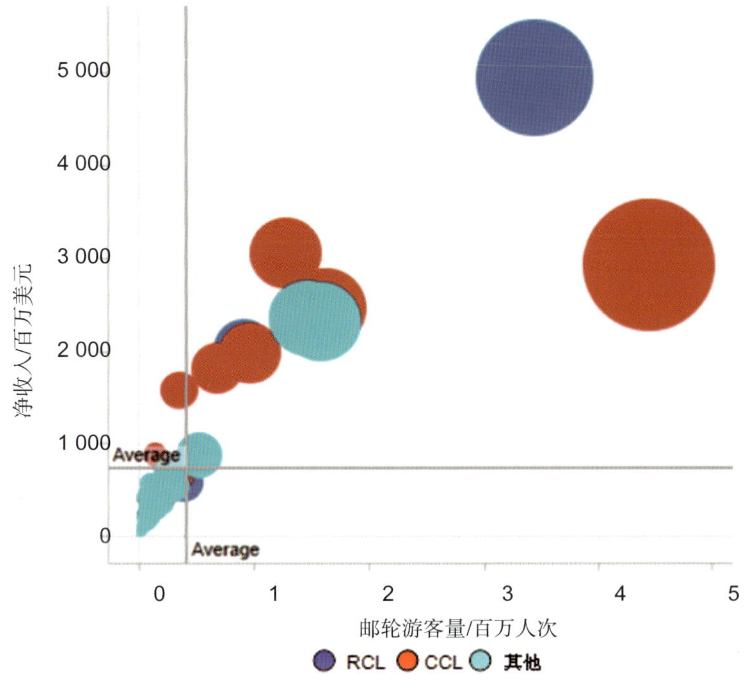

资料来源：Cruise Market Watch 网站，2013 World Wide Market Share，2013。

图1-1　2013年全球主要邮轮公司市场份额预测

表1-3　2012年全球邮轮品牌市场份额预测

集团	品牌	所占市场份额/%
RCL	Royal Caribbean	16.4
	Celebrity	4.4
	Pullmantur	1.9
	CDF	0.4
	Azamara	0.2
小计		23.3
CCL	Carnival	21.2
	Costa Cruises	7.7
	Princess	6.1
	AIDA	4.6
	Holland America	3.3
	P&O Cruises	1.7
	P&O Cruises Australia	1.6
	Ibero Cruises	1.1
	Cunard	0.7
	Seabourn	0.3
小计		48.3

续表1–3

集团	品牌	所占市场份额/%
其他	Norwegian	7.6
	MSC Cruises	7.0
	Disney	2.5
	Thomson Cruises	1.4
	Star Cruises	1.4
	Hurtigruten	1.3
	Louis Cruises	0.9
	TUI Cruises	0.8
	Oceania Cruises	0.5
	Phoenix Reisen	0.5
	Fred Olsen	0.4
	Classic International Cruises	0.4
	Saga Cruises & Spriit of Adventure	0.4
	Silversea	0.4
	All Leisure Holidays	0.3
	Cruise & Maritime Voyages	0.3
	Crystal	0.3
	Regent Seven Seas	0.3
	Ocean Star Cruises	0.2
	Hapag–Lloyd	0.2
	Celebration Cruise Line	0.2
	Ponant Yacht Cruises	0.2
	Windstar	0.1
	Star Clippers Cruises	0.1
	Discovery World Cruises	0.1
	American Cruise Lines	0.1
	Lindblad Expeditions	0.1
	Paul Gauguin(PGC)	0.1
	SeaDream Yacht Club	0.0
	Orion Expedition Cruises	0.0
	Pearl Seas Cruises	0.0
	Voyages to Antiquity	0.0
	Swan Hellenic	0.0
	Blount Small Ship Adventures	0.0
	Hebridean Island Cruises	0.0
小计		28.1

资料来源：Cruise Market Watch 网站，2013 World Wide Market Share，2013。

二、北美邮轮市场

当前总体格局

2011年美国GDP增势相比2010年（GDP增长率为3%）减缓，全年增长率为1.7%。2011年上半年，GDP平均增幅小于1%，下半年GDP增幅约为2.5%。2011年实际消费支出的增长速度相比实际GDP增长更平缓，其中，休闲服务消费是唯一增势略强的产业，如运输、娱乐、饮食和住宿，增长2.9%。可见，美国的邮轮业和其他旅游业在美国整体经济增长放缓的环境下仍然呈现猛增势头。

据BREA机构受CLIA机构委托研究完成的《2011年北美邮轮产业对美国经济影响报告》显示：2011年，北美地区邮轮公司新增4艘邮轮，总船数达到180艘，载客运量达到320 304客位。邮轮产业为北美地区带来约1 632万名国际游客，比2010年增长10.1%。邮轮产业为北美地区带来的总收入为4 042万美元，比2010年增长6.8%；直接收入为1 888万美元，比2010年增长4.8%。

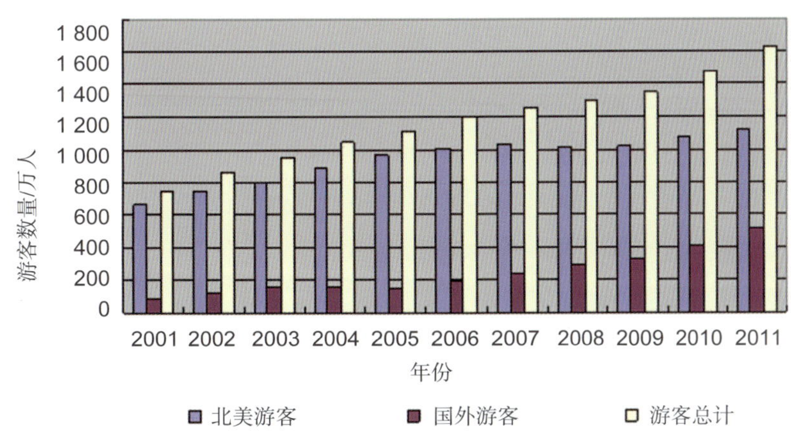

资料来源：CLIA，The Contribution of the North American Cruise Industry to the U.S. Economy in 2011，BREA。

图1-2　2001—2011年北美市场邮轮游客接待情况

2011年邮轮产业对美国经济的主要影响可以归纳为以下几点：

- 2011年，从美国港口登船旅客上涨了1.4%，总计980万人。
- 实现189亿美元的直接经济贡献，较2010年上涨了4.8%；同时，邮轮产业2011年直接创造145 835个工作岗位和62亿美元的薪酬。
- 花费在邮轮旅游业上94.5亿美元，主要用于交通运输服务、旅客和船员开支，比2010年上涨了3.7%。这些支出创造了103 485个工作岗位和40亿美元的薪酬。
- 邮轮公司直接为美国公民提供了26 400个岸上及水上就业岗位和11亿美元的薪酬。
- 邮轮旅客及船员在非交通消费这一环节上直接消费16.5亿美元，刺激了本土的零售、餐饮及旅馆行业，约创造了21 145个相关工作岗位和5亿美元薪酬。
- 邮轮公司在其国际供应环节上支出约94亿美元，为相关行业创造了42 349个工作岗位和22亿美元薪酬。

■ 包括间接经济影响，以及邮轮公司和船员、乘客的消费支出，2011年邮轮产业整体经济贡献总值达到404亿美元，较2010年相比上涨了6.8%。相反，这些支出创造了347 787个工作岗位和165亿美元薪酬。

表1-4 1990—2011年北美邮轮乘客增长情况统计

年份	本土乘客		外国乘客		全球乘客	
	人次/万	增长率/%	人次/万	增长率/%	总人次/万	增长率/%
1990	349.6	—	27.8	—	377.4	—
1991	383.4	9.7	33.4	20.1	416.8	10.4
1992	402.3	4.9	36.2	8.4	438.5	5.2
1993	431.8	7.3	41.0	13.3	472.8	7.8
1994	431.4	-0.1	48.6	18.5	480.0	1.5
1995	422.3	-2.1	49.8	2.5	472.1	-1.6
1996	447.7	6.0	49.3	-1.0	497.0	5.3
1997	486.4	8.6	51.6	4.7	538.0	8.2
1998	524.3	7.8	62.5	21.1	586.8	9.1
1999	569.0	8.5	64.7	3.5	633.7	8.0
2000	654.6	15.0	66.8	3.2	721.4	13.8
2001	663.7	1.4	86.2	29.0	749.9	4.0
2002	747.2	12.6	117.6	36.4	864.8	15.3
2003	799.0	6.9	153.6	30.6	952.6	10.2
2004	887.0	11.0	159.0	3.5	1 046	9.8
2005	967.1	9.0	150.9	-5.1	1 118	6.9
2006	1 007.8	4.2	192.8	27.8	1 200.6	7.4
2007	1 024.7	1.7	231.6	20.1	1 256.3	4.6
2008	1 009.3	-1.5	291.2	25.7	1 300.5	3.5
2009	1 019.8	1.0	324.4	11.4	1 344.2	3.4
2010	1 078.1	5.7	403.8	24.5	1 481.9	10.2
2011	1 121.1	4.0	511.2	26.6	1 632.3	10.1
1991—2011年全球平均增长率7.3%						

资料来源：CLIA，The Contribution of the North American Cruise Industry to the U.S. Economy in 2011，BREA。

邮轮船队及其载客量

2011年，北美地区邮轮公司共增加了4艘邮轮，载客总量增加了12 597客位。共有180艘邮轮活跃在北美市场，载客总量为320 304客位。其中，新增邮轮6艘，包括嘉年华“魔力号”（3 650客位）、皇家加勒比“嘉印号”（2 850客位）、歌诗达“辉宏号”（3 012客位）、迪士尼“梦想号”（2 500客位）、大洋邮轮“玛丽娜号”（1 250客位）、世邦邮轮“探索号”（450客位），停运邮轮2艘，包括皇家加勒比“银星号”（1 650客位）和公主邮轮“皇家公主号”（710客位）。

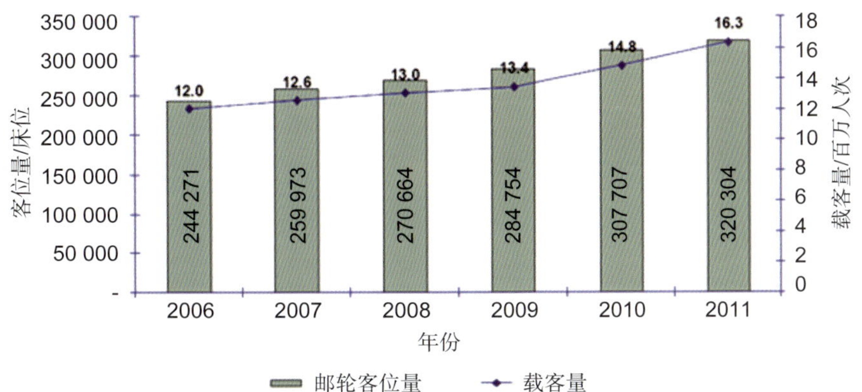

资料来源：CLIA，The Contribution of the North American Cruise Industry to the U.S. Economy in 2011，BREA。

图1-3　2006—2011年北美市场邮轮客位量和载客量情况

邮轮公司

全球邮轮公司在北美市场的运力部署及载客量情况见表1-5和表1-6：

表1-5　2008—2011年北美邮轮公司航线情况　　条

邮轮公司	2008年	2009年	2010年	2011年	2012年一季度
Aida Cruises	6	6	6	15	6
Azamara Club Cruises	12	9	13	13	3
Carnival Cruise Line	1 381	1 449	1 419	1 445	369
Celebrity Cruise Line	189	194	284	263	79
Costa Cruise Line	33	25	41	16	9
Crystal Cruises	22	22	19	34	8
Cunard Line	49	33	31	39	10
Disney Cruise Line	152	151	124	182	49
Fred Olsen Cruise Line	11	9	0	0	2
Holland America Line	402	411	407	411	100
MSC Italian Cruises	15	30	30	25	12
Norwegian Cruise Line	472	470	466	515	140
Oceania Cruises	6	9	10	35	8
Princess Cruises	399	381	399	351	96
Regent Seven Seas Cruises	51	42	44	46	11

续表1-5

邮轮公司	2008年	2009年	2010年	2011年	2012年一季度
Royal Caribbean International	933	768	813	725	211
Seabourn Cruise Line	18	23	21	16	13
SeaDream Yacht Club	39	50	51	44	17
Silversea Cruises	32	31	38	47	12
Windstar Cruises	17	13	0	0	0
总计	4 239	4 126	4 216	4 222	1 155

资料来源：U.S. Department of Transportation Maritime Administration，Cruise Summary Table，2012。

表1-6　2008—2011年北美邮轮公司载客量情况

万人次

邮轮公司	2008年	2009年	2010年	2011年	2012年一季度
Aida Cruises	7.4	7.8	12.4	23.4	7.6
Azamara Club Cruises	7.8	5.9	7.6	7.7	1.8
Carnival Cruise Line	3 550.5	3 831.7	3 977.0	4 132.6	1 064.9
Celebrity Cruise Line	382.9	405.9	642.3	594.6	198.2
Costa Cruise Line	79.3	64.7	97.0	36.6	19.3
Crystal Cruises	15.8	13.9	14.0	23.0	5.8
Cunard Line	118.4	79.8	71.6	89.5	19.9
Disney Cruise Line	396.4	391.8	322.1	570.5	154.1
Fred Olsen Cruise Line	11.9	8.5	0.0	0.0	2.6
Holland America Line	626.6	649.3	654.4	678.9	170.0
MSC Italian Cruises	25.6	67.0	77.0	66.0	30.8
Norwegian Cruise Line	1 039.3	1 096.0	1 171.4	1 294.9	358.9
Oceania Cruises	3.9	5.6	6.7	26.3	9.3
Princess Cruises	1 009.4	972.7	1 023.2	927.7	248.5
Regent Seven Seas Cruises	28.2	23.9	22.5	23.8	5.7
Royal Caribbean International	2 619.2	2 222.3	2 506.8	2 369.4	712.5
Seabourn Cruise Line	3.4	4.0	4.9	4.3	3.3
SeaDream Yacht Club	3.8	4.7	4.3	3.8	1.6
Silversea Cruises	9.6	8.9	12.0	14.0	3.1
Windstar Cruises	2.2	1.7			0.0
总计	9 941.6	9 866.2	10 627.0	10 887.0	3 017.7

资料来源：U.S. Department of Transportation Maritime Administration，Cruise Summary Table，2012。

邮轮母港

2011年，美国邮轮始发母港接待情况相比2010年增长平缓，1.5%的游客接待增长率使2011年美国邮轮始发母港的接待量超过984万人次，详见表1-7和图1-4。

表1-7　2008—2011年美国邮轮始发母港游客接待量情况

始发母港	接待量/万人次				增长情况/%			
	2008年	2009年	2010年	2011年	2008年	2009年	2010年	2011年
Miami	2 109 000	2 055 000	2 166 000	2 003 000	11.4	−2.6	5.4	−7.5
Port Canaveral	1 226 000	1 195 000	1 289 000	1 483 000	−5.5	−2.5	7.9	15.1
Port Everglades	1 293 000	1 422 000	1 758 000	1 795 000	0.3	10.0	23.6	2.1
Los Angeles	599 000	400 000	366 000	304 000	3.1	−33.2	−8.5	−16.9
New York	524 000	420 000	553 000	611 000	−2.4	−19.8	31.7	10.5
San Diego	397 000	401 000	243 000	144 000	16.4	1.0	−39.4	−40.7
Galveston	377 000	395 000	435 000	459 000	−27.9	4.8	10.1	5.5
Seattle	443 000	437 000	466 000	443 000	14.8	−1.4	6.6	−4.9
Honolulu	157 000	121 000	123 000	119 000	−58.9	−22.9	1.7	−3.3
Long Beach	365 000	412 000	414 000	408 000	−1.4	12.9	0.5	−1.4
Tampa	382 000	397 000	397 000	449 000	4.1	3.9	0.0	13.1
Alaska	185 000	181 000	128 000	129 000	−2.1	−2.2	−29.3	0.8
New Orleans	179 000	235 000	260 000	369 000	−30.6	31.3	10.6	41.9
Cape Liberty	160 000	156 000	196 000	221 000	15.1	−2.5	25.6	12.8
Mobile	146 000	132 000	183 000	150 000	12.3	−9.6	38.6	−18.0
All Other Ports	416 000	545 000	717 000	756 000	−17.0	31.0	31.3	5.4
United States	8 958 000	8 904 000	9 694 000	9 843 000	−2.5	−0.6	8.9	1.5
Top 15 Ports	8 396 000	8 227 000	8 794 000	8 937 000	−1.8	−2.0	6.9	1.6
Share of the U. S.	93.7%	92.4%	90.7%	90.8%				
Florida Ports	5 110 000	5 257 000	5 784 000	5 920 000	2.7	2.9	10.0	2.4
Share of the U. S.	57.0%	59.0%	59.7%	60.1%				

资料来源：CLIA，The Contribution of the North American Cruise Industry to the U.S. Economy in 2011，BREA。

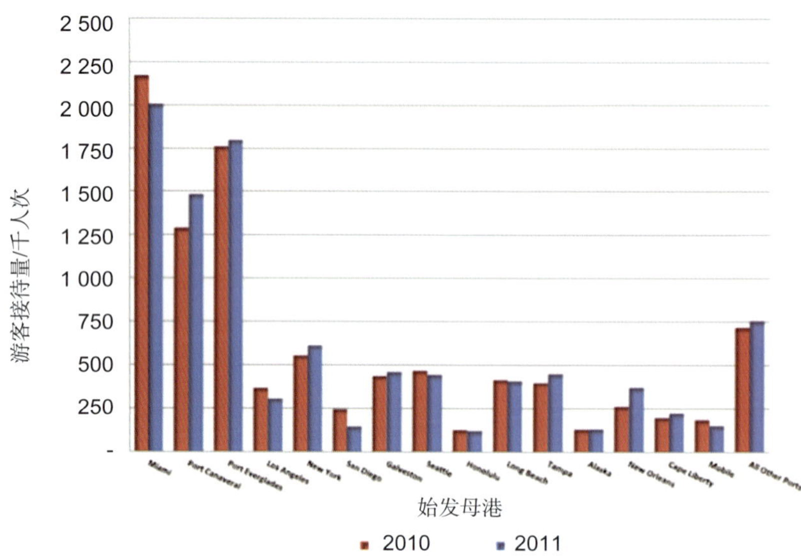

资料来源：CLIA，The Contribution of the North American Cruise Industry to the U.S. Economy in 2011，BREA。

图1-4 2010—2011年美国邮轮始发母港游客接待量情况

北美邮轮市场运力预测

表1-8 2011—2015年北美邮轮市场运力统计与预测

年份	邮轮数量/艘	运力/客位	时段	邮轮净增数量/艘	净增运力/客位
2011	180	320 304	2011—2012	5	12 572
2012	185	332 876	2012—2013	2	4 483
2013	187	337 359	2013—2014	4	15 369
2014	191	352 728	2014—2015	3	4 934
2015	194	357 662			
			2011—2015总计	14	37 358
			2011—2015年均	3.5	9 340

资料来源：CLIA，The Contribution of the North American Cruise Industry to the U.S. Economy in 2011，BREA。

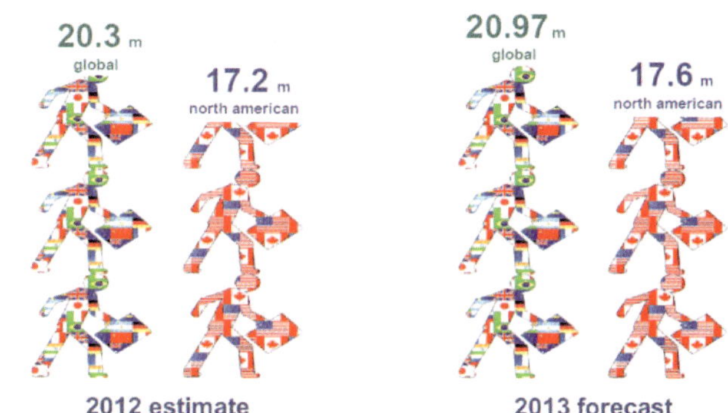

资料来源：CLIA，2013 Cruise Industry。

图1-5　2013年全球和北美邮轮旅客量预测

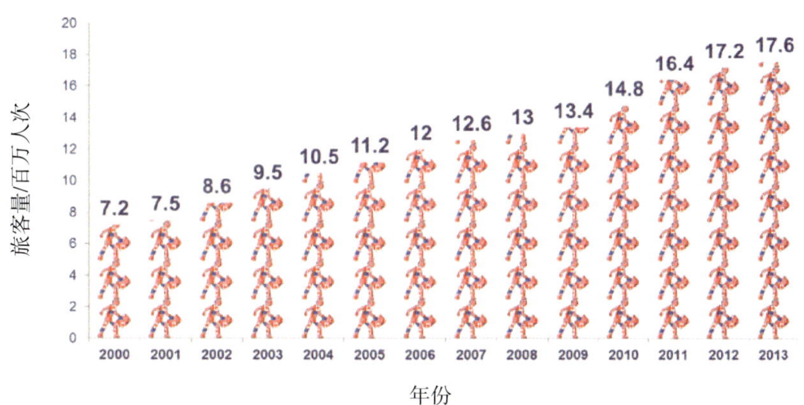

资料来源：CLIA，2013 Cruise Industry。

图1-6　2013年北美邮轮旅客量预测

2013 ($2.3)

- AmaPrima (164)
- AmaVida (106)
- Avalon Artistry II (128)
- Avalon Expression (166)
- Royal Princess (3 600)
- MSC Preziosa (3 502)
- Norwegian Breakaway (4 000)
- Pearl Mist (214)
- Silver Galapagos (100)
- Uniworld Queen Isabel (118)
- Uniworld River Orchid (60)

2014 ($5.7)

- AmaSonata (164)
- AmaReina (164)
- Costa Diadema (4 947)
- Norwegian Getaway (4 000)
- Regal Princess (3 600)
- Royal Caribbean “Project Sunshine” (4 100)
- Uniworld S.S Catherine (160)

资料来源：CLIA，2013 Cruise Industry。

图1-7　2013—2014年北美邮轮公司运力预测

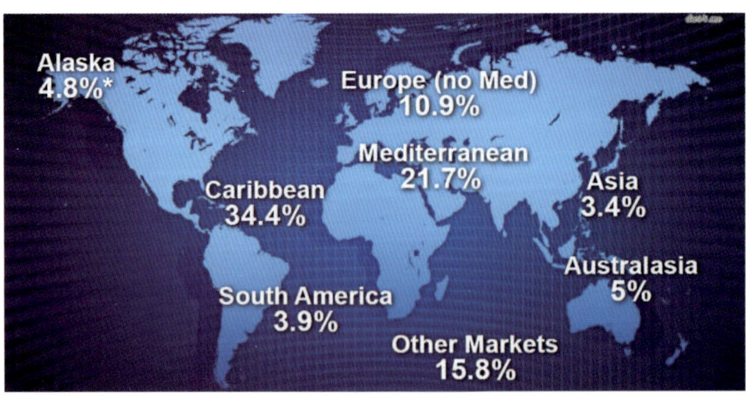

资料来源：CLIA，2013 North America Cruise Industry Update。

图1–8　2013年北美邮轮行程及部署预测

三、欧洲邮轮市场

当前总体格局

在过去的10年里，在节假日选择豪华观光邮轮度假的欧洲游客数翻了一番还多。根据G. P. Wild (International) Ltd.和BREA两家机构受欧洲邮轮委员会及其附属机构委托共同研究完成的《2012年邮轮旅游业对欧洲的经济影响研究报告》显示，尽管全球经济危机，欧洲邮轮业仍继续呈现出稳步增长的趋势。

■ 2011年邮轮经济给欧洲地区带来了150亿欧元的直接经济贡献（邮轮公司、旅客和船员）及367亿欧元的总体经济影响，并创造了315 500个工作岗位。

■ 2011年，欧盟各国乘坐邮轮旅游的游客最多的国家为英国170万人，德国138.8万人，意大利92.3万人，西班牙70.3万人。2011年，邮轮业对欧洲的经济产生了重要影响，2011年欧洲整体邮轮业收益比2010年上升2.5%。

■ 2011年41家本土邮轮公司，共120艘邮轮在欧洲市场运营；该市场的邮轮客位总数大约14.32万个。另外，在欧洲市场由非欧洲本土的25家邮轮公司运营的邮轮有76艘，共计9.7万个邮轮客位。

■ 2011年超过620万欧洲居民参加邮轮旅游，较2010年增长9%，约占全世界邮轮乘客总量的30%；2011年从欧洲港口出发的邮轮乘客数量为560万人次，比2010年增长7.1%，其中包括480多万欧洲公民和80万外来游客。

■ 2011年绝大多数邮轮航线是地中海航线、波罗的海航线和欧洲航线，约2 810万游客到达约250个欧洲港口城市，比2010年增长9.7%。除此以外，还有约1 430万船员也到达了欧洲港口。

邮轮船队

2011年，欧洲本土邮轮公司41家，运营邮轮120艘，客位总数约143 200。除此之外，还有25家非欧洲本土邮轮公司参与欧洲邮轮市场竞争，这些公司主要来自北美地区，在欧洲地区部署了76艘邮轮，容纳96 750客位。

2011年，至少有171艘邮轮活跃在地中海地区；102艘邮轮活跃在北欧地区，其中一些邮轮是在较短的北方季节时从地中海地区转移而来的。这些船只的大小不等，从最大的邮轮“挪威史诗号”的4 200客位到100多个客位的小游轮。

2011年，在地中海营运的171艘邮轮，客位总数超过22万，每艘邮轮的平均载客量为1 295客位，这些邮轮共开航2 958个艘次，游客过夜天数达到3 379万夜，平均每个航次的航程为8.3天。受到北美运力的冲击和歌诗达“康科迪亚”号触礁倾覆事件的双重影响，地中海市场2012年的邮轮游客过夜天数下降到3 070万夜。2011年，北美邮轮公司在地中海地区部署了57艘邮轮，载客量共达83 513客位，而且一些邮轮针对欧洲市场。相比之下，欧洲本土邮轮公司运营邮轮114艘，容纳137 906客位。

2011年，在北欧营运的102艘邮轮，客位总数超过11万，每艘邮轮的平均载客量为1 090客位，这些邮轮共开航1 051个艘次，游客过夜天数达到1 118万夜，平均每个航次的航程为8.9天。2011年北欧市场增长了15%，2012年增长幅度更大，游客过夜天数达到1 320万夜，预计2013年将会持续加快增长。2011年，北美邮轮公司在北欧地区部署了29艘邮轮，载客量共达38 153客位，而欧洲本土邮轮公司运营邮轮59艘，载客量为71 216客位，这种相对平衡稳定很大程度上是由于利基市场邮轮参观了极地地区。波罗的海是北欧市场的最吸引之处，2011年产生了大约360万港口登岸观光游客，2012年约400万港口登岸观光游客。

邮轮公司

2011年，欧洲本土邮轮公司运营41家，120艘邮轮，载客量143 200客位。2011年，邮轮经济给欧洲地区带来了150亿欧元的直接经济贡献，如邮轮公司、旅客和船员。其中，邮轮公司运营中物资和服务的投资为64亿欧元，相比2010年增长了6.7%。

其中包括：邮轮公司从欧洲本土食品和饮料制造商购买了约5.5亿欧元的船上规定的消耗品，约9亿欧元作为佣金支付给欧洲旅游代理商，还在金融和服务上花费了14.5亿欧元，包括保险、广告、工程和其他专业服务。

邮轮母港与停靠港

欧洲主要邮轮港口都分布在地中海和北欧地区，港城互动优良使城市作为旅游目的地、港口作为邮轮航线始发地或停靠点，都吸引着全球无数游客。欧洲邮轮业的发展很大程度上得益于这些富有魅力的邮轮母港与停靠港的驱动。2009—2011年欧洲邮轮母港、停靠港载客量情况见表1-9和表1-10。

表1-9　2009—2011年欧洲邮轮母港载客量情况　　人次

邮轮母港	国家	2009年	2010年	2011年
Barcelona	Spain	2 151 465	2 350 283	2 657 244
Civitavecchia	Italy	1 802 938	2 458 000	2 400 000
Venice	Italy	1 420 980	1 617 011	1 786 416
Piraeus(Athens)	Greece	1 500 000	1 210 000	1 560 000
Palma Majorca	Spain	1 056 215	1 347 009	1 419 502
Savona	Italy	712 681	931 000	850 000
Genoa	Italy	671 468	860 290	798 521
Southampton	UK	1 054 900	1 243 463	1 445 000
Copenhagen	Denmark	675 000	662 000	819 000
Kiel	Germany	291 388	341 000	377 205
Hamburg	Germany	126 839	246 000	314 500
Dover	UK	259 222	307 223	223 825

续表1-9

邮轮母港	国家	2009年	2010年	2011年
Amsterdam	Netherlands	181 548	198 530	258 576
资料来源：MedCruise，Cruise Europe and individual port data。				

表1-10　2009—2011年欧洲邮轮停靠港载客量情况　人次

停靠港	国家	2009年	2010年	2011年
Mediterranean				
Naples	Italy	1 265 000	1 139 919	1 154 000
Dubrovnik	Croatia	845 603	970 000	985 000
Livorno	Italy	795 313	822 514	982 928
Santorini	Greece	816 000	700 000	962 000
Marseille	France	622 300	699 892	826 000
Mykonos	Greece	868 000	594 000	684 000
Côte d'Azur	France	744 909	667 847	666 082
Malaga	Spain	487 955	659 123	638 845
Bari	Italy	567 885	507 712	586 848
Palermo	Italy	478 900	394 885	567 049
Valletta	Malta	441 913	493 748	566 042
Rhodes	Greece	727 000	536 000	526 000
Messina	Italy	253 200	371 180	500 636
Gibraltar	UK dep	348 199	305 161	328 636
Limassol/Larnaca	Cyprus	322 034	380 278	303 135
Northern Europe				
Lisbon	Portugal	415 758	448 497	502 644
St Petersburg	Russia	428 550	423 931	455 476
Stockholm	Sweden	447 000	415 000	452 000
Tallinn	Estonia	415 575	389 370	437 517
Helsinki	Finland	361 000	342 000	385 000
Cadiz	Spain	237 066	334 162	376 000
Bergen	Norway	282 938	291 877	350 248
Oslo	Norway	269 736	260 843	315 000
Rostock/Warnemunde	Germany	161 800	177 200	257 300
Vige	Spain	222 948	233 644	252 827
Geiranger	Norway	218 096	210 105	229 220
Stavanger	Norway	147 340	175 325	215 026
Haver, Le	France	86 315	128 239	185 194
Flam	Norway	142 608	136 908	156 907
Zeebrugge	Belgium	83 148	98 000	142 444
资料来源：MedCruise，Cruise Europe and individual port data。				

四、亚太邮轮市场

亚太邮轮市场兴起，欧美邮轮市场板块已渐移亚太地区，根据国际邮轮协会预估，2020年全球邮轮游客数可达3 000万，亚太地区的邮轮旅游客源市场规模在不断扩大，2015年亚太地区邮轮游客将达700万。

亚太地区是世界邮轮旅游市场中较年轻的，也是发展最快的一个分区。凭借其丰富的旅游资源和近些年不断兴建的专业邮轮港口，亚太地区渐渐成为全球主要的邮轮旅游目的地之一。国际邮轮公司为了迎合邮轮旅游消费者对新目的地以及自身开拓新客源市场的需要，将其运力向欧洲、亚洲扩张和转移已经成为新世纪国际邮轮市场发展的趋势。

东南亚

新加坡

2012年5月底，投资1亿多美元的新加坡邮轮码头正式投入运作,该码头可以容纳世界上最大的豪华邮轮。该码头由新加坡机场服务公司和欧洲Creuers del Port de Barcelona两家公司共同投资建成。新加坡商务发展部的伊斯华拉在新闻发布会上指出，该码头的落成至少创造3 000个就业机会。码头坐落新加坡繁华海滨区的边缘，预计超现代设计的码头将促进新加坡旅游业的蓬勃发展。加上现有港湾城的新加坡邮轮中心，将带动新加坡本地邮轮业的发展，预计3～5年内将吸引150万邮轮乘客。

2011年到新加坡旅游人数双倍增长，达1 320万人次，旅游收入达2 230万新元，比2010年同期增长18%。新加坡旅游局表示，2011年新加坡共接待邮轮旅客100万人次（与2010年持平），直接消费额达5.2亿新元。SATS-Creuers邮轮服务公司总裁Melvin Yu表示，新加坡优越的地理位置，加上码头先进的设施，并且码头靠近市区，靠近樟宜机场，这些因素促进新加坡亚洲邮轮码头领导地位的形成。2012年新加坡预计将迎接众多首次挂靠的邮轮，其中包括荷美邮轮“赞丹号”“世鹏神话号”“歌诗达愉悦号”“海洋航行者号”“精致至日号”与“精钻旅行号”。

印度尼西亚

皇家加勒比游轮公司印度尼西亚区域代表Gautam Chadha透露，印度尼西亚政府已经将邮轮列入其第12个五年计划，并将印度尼西亚7 500 km的海岸线标注为具有邮轮旅游发展潜力的区域。印度尼西亚旅游文化部部长Sapta Nirwandar博士表示，2012年印度尼西亚有望接待141 000名游客，此数字相较于2001年增长了575%。巴厘岛的南湾港已经被疏浚以提高其作为装卸港的服务能力。三堡垄、雅加达和泗水也将被疏浚以容纳更大的邮轮。大型邮轮将可以在2014年停靠巴厘岛北部的塞鲁坎巴旺港口。

泰国

一些看到了亚洲邮轮经济快速发展并能给泰国带来利好的公司也正在积极试图说服泰国旅游局(TAT)支持建设新的基础设施以吸引更多邮轮在泰国挂靠。

东北亚

中国

亚洲博闻高级副总裁麦高德先生表示：“2012年将会有22艘新邮轮启航，邮轮公司正寻找新市场来吸收这17.4%的增长——51 306个停泊处。她们正注视着亚洲这个未被发掘的资源。”

2012年，皇家加勒比游轮有限公司除了部署“海洋航行者号”在亚洲运营之外，另外两艘船——“精致千禧号（Celebrity Millennium）”和“精钻旅行号（Azamara Journey）”也将在亚洲首航。公司还计划于2013年6月将旗下另一艘位列全球十大邮轮之一的“海洋水手号”引入中国，并开启母港始发航线，进一步加大在中国市场的投入。

歌诗达邮轮集团亚太及中国区副总裁莫兴萃表示，亚洲在歌诗达的发展中发挥着举足轻重的作用。2012年歌诗达公司将旗下最大的豪华邮轮 “维多利亚号”投入亚洲运营，使公司在此区域增加了40%的运力。

丽星邮轮首席运营官吴高贤表示，公司开发的潜在市场之一就是海南省的三亚市，因为当地政府已简化中国游客取得跨国界邮轮旅游的程序。“行业与政府同心协力是推动亚洲邮轮产业上升到新高度的关键所在”。此外，丽星邮轮将以马来西亚槟城、新加坡、中国香港、中国台湾和中国大陆作为其主要市场。“我们也期待返回的‘宝瓶星号’在2012年11月开启其在三亚的第二个航季”。

香港旅游发展局执行董事刘镇汉先生表示，“放眼未来，在亚太地区尤其是中国大陆地区对邮轮旅游市场的需求是巨大的”。香港的启德邮轮码头预计将于2013年中期投入使用。其运用创新举措加强与邮轮公司之间的战略合作关系，并设立专项资金用于广告促销，与此同时发展新的地接旅游宣传香港的盛事、文化和历史。

日本

日本大阪预计将会迎接“和谐俱乐部号”“维多利亚号”“海洋神话号”的23次挂靠。乘客将主要是中国人、日本人与韩国人。这个港口也将接受 “日本飞鸟2号”“日本丸号”“碧海公主号”“雅典娜号”“水晶宁静号”“汉莎蒂克号”“太阳公主号”和“银影号”的挂靠。

韩国

2011年被韩国购买的“歌诗达海军号”被重新命名为“和谐俱乐部号”。2012年这艘邮轮将会以仁川、釜山和济州作为母港，开设到中国、日本和俄罗斯的航线。

澳大利亚和新西兰

澳大利亚和新西兰两国的港口是南太平洋邮轮航线的主要组成部分。它们作为既陌生又富有冒险色彩的旅游目的地，吸引了大量美国和欧洲的季节性邮轮设置航线。总体来看，澳新两地邮轮产业发展模式以目的地型为主。其发展的主要优势在于和世界上最大的邮轮客源地——北美洲有较便捷的海上通路。此外，邮轮本土客源市场培育为澳大利亚和新西兰的邮轮旅游提供了持久的动力。

澳大利亚

根据Cruise Down Under（CDU）2012年8月发布的研究报告《澳大利亚邮轮产业经济影响2011—2012》显示：

澳大利亚邮轮产业近些年保持快速增长态势（见图1-9），2011年全年乘坐邮轮的澳大利亚游客达到创纪录的623 294人次，较2010年的466 692人次增长34%，几乎是5年前（2006年）这一数量的3倍。

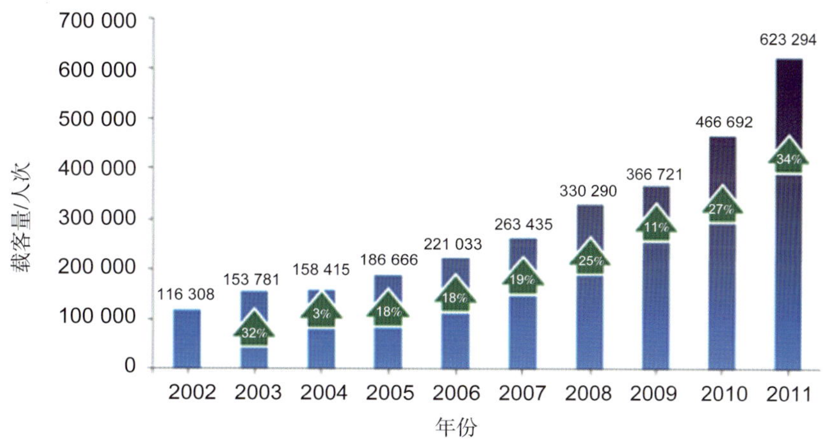

图1-9　2002—2011年澳大利亚邮轮乘客增长情况

2011年澳大利亚、新西兰和前往南太平洋地区等三个区域的航线的游客数量占全澳大利亚邮轮游客总量的70%。

2011年南太平洋仍是最受澳大利亚游客欢迎的邮轮目的地，前往那里的澳大利亚游客数量为230 321人次，占总数的37%。

目前，澳大利亚的邮轮市场渗透率（Market Penetration）位居世界第二。2011年，2.7%的澳大利亚人参加了邮轮旅游。

2006—2011年期间，澳大利亚邮轮游客数量年均复合增长率（CAGR）为23%。

新西兰

另据ICCA发布的《Cruise Industry Report – New Zealand 2011》显示：

2011年新西兰邮轮游客数量为56 479人次，较2010年的42 886人次增长32%。其中，北部岛屿占73%（41 230人次）；南部岛屿占27%（15 249人次）（见图1-10）。

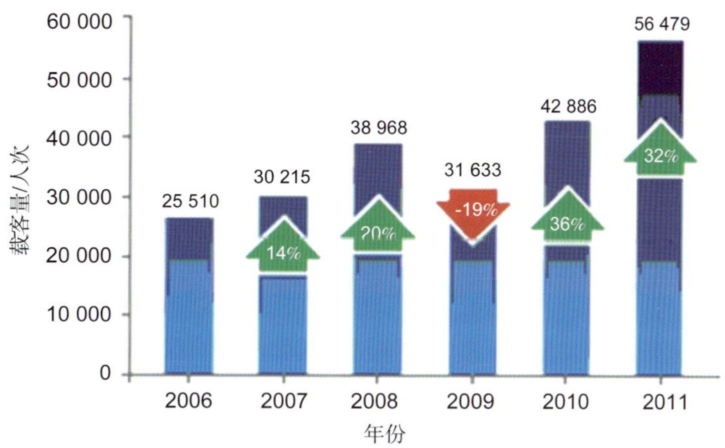

图1-10　2006—2011年新西兰邮轮乘客增长情况

2011年南太平洋对新西兰人仍是最受欢迎的邮轮目的地，前往那里的新西兰游客数量为26 650人次，约占总数的一半。

2011年，1.3%的新西兰人乘邮轮出游。

五、全球邮轮运营状况

全球邮轮航线

邮轮航线分为地区邮轮航线和环球邮轮航线。地区邮轮航线设置主要考虑该地区的社会、经济、文化、环境等因素。目前，全球邮轮航线按地区主要形成以下邮轮圈：加勒比海邮轮圈、地中海邮轮圈、北美邮轮圈、南美邮轮圈、东北亚邮轮圈、东南亚邮轮圈和中亚邮轮圈等（见图1-11）。

图1-11　全球邮轮区域分布示意图

邮轮运力部署

邮轮公司运力部署制定依据是以市场为导向。目前，北美仍是全球最主要的邮轮消费市场，2012年共有180艘邮轮，约32.03万客位服务北美市场；紧随其后的是欧洲市场，共有120艘邮轮，约14.32万客位供应市场需求；亚洲市场最为一个新兴市场，也受到各大邮轮公司关注（见图1-12）。

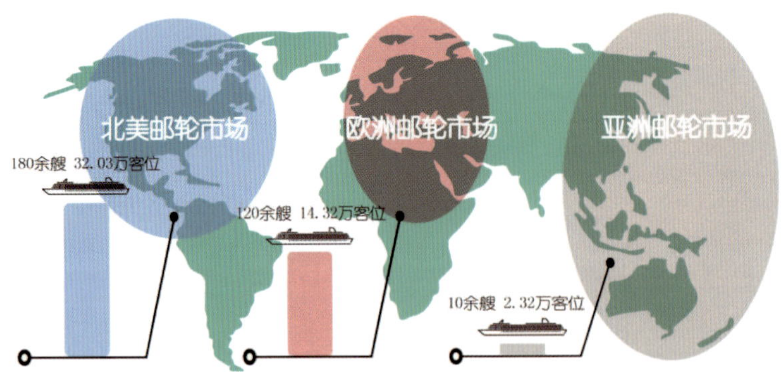

图1-12　全球邮轮运力分布示意图

邮轮集团运营业绩

嘉年华邮轮集团（Carnival Corporation & plc）

嘉年华邮轮集团是全球规模最大、经济实力最强的邮轮旅游公司。现旗下10个子品牌共有100艘邮轮，包括：北美的嘉年华邮轮（Carnival Cruise Lines）24艘、荷美邮轮（Holland America Line）15艘、公主邮轮（Princess Cruises）16艘、世鹏邮轮（Seabourn）6艘，英国的冠达邮轮（Cunard）3艘、P&O邮轮（P&O Cruises UK）7艘，德国的AIDA邮轮（AIDA Cruises）9艘，南部欧洲的歌诗达邮轮（Costa）14艘，西班牙的Iberocruceros邮轮3艘，以及澳大利亚的P&O邮轮（P&O Cruises Australia）3艘。

嘉年华邮轮集团发布的年度报告（见表1-11）显示，截至2012年末，其集团年度载客量达到9 829 000人次，较2011年上涨了2.8%。集团净利润达到12.98亿美元，较2011年下降了32.1%。集团拥有邮轮100艘，约203 000个客位。

表1-11　2008—2012年嘉年华邮轮集团收支及运营数据统计

统计项目	2012年	2011年	2010年	2009年	2008年
营运收益/百万美元	15 382	15 793	14 469	13 157	14 646
净利润/百万美元	1 298	1 912	1 978	1 790	2 330
总资产/百万美元	39 161	38 637	37 490	36 835	33 400
承载旅客/千人	9 829	9 559	9 147	8 519	8 183
运力/客位	203 000	195 872	191 464	180 746	169 040
邮轮数量/艘	100	99	98	93	88
雇员数量/千人	91	90	89	85	83
资料来源：嘉年华邮轮集团年度报告2009—2013。					

2013年3月至2016年3月，嘉年华邮轮集团计划新增邮轮9艘，其中7艘包括：南部欧洲的歌诗达邮轮（Costa）1艘、德国的AIDA邮轮（AIDA Cruises）3艘、英国的P&O邮轮（P&O Cruises UK）1艘、北美的公主邮轮（Pincess Cruises）2艘。

嘉年华邮轮集团的航线遍布阿拉斯加、巴哈马群岛、波罗的海、百慕大群岛、加勒比地区、夏威夷、地中海地区、新英格兰、北角、巴拿马运河、美国南部、南太平洋等世界各地。

皇家加勒比游轮集团（Royal Caribbean Cruise Ltd.）

皇家加勒比游轮集团是全球领先的邮轮度假集团，总部位于美国迈阿密，在全球范围内经营邮轮度假产品，旗下拥有皇家加勒比国际游轮（Royal Caribbean International）、精致邮轮（Celebrity Cruises）、普尔曼邮轮（Pullmantur）、精钻会邮轮（Azamara Club Cruises）、CDF（Croisi è res de France）及与TUI AG合资的途易邮轮（TUI Cruises）六大邮轮品牌。皇家加勒比游轮有限公司目前拥有6个品牌共41艘豪华邮轮，另有3艘在建，并在世界各地运营1 000多条不同的航线，停靠全球七大洲约455个目的地。

表1-12　2010—2012年皇家加勒比游轮集团收支及运营数据统计

统计项目	2012年	2011年	2010年
营运收益/百万美元	7 688	7 537	6 752
运营利润/百万美元	788	931	803
净利润/百万美元	432	607	516
每股净收益/美元	1.97	2.77	2.37
资料来源：皇家加勒比游轮集团年度报告2013。			

2011年2月，皇家加勒比国际游轮推出“阳光计划”，继续积极扩张船队规模，全力打造2艘新一代游轮。凭借多年丰富经验与独步业界的创意，皇家加勒比在新一代游轮的设计中，凝聚了现有游轮中最出色的创意，并在此基础上增加新的活动和娱乐理念。从恢弘华丽的空间到精致贴心的布局，从充满活力的节目到宁静安逸的私人空间，从丰富多样的就餐选择，到共聚天伦之乐的各种休闲享受，皇家加勒比国际游轮的“阳光计划”将让每一位游客都感到宾至如归，带来精彩纷呈的度假体验。根据计划，2艘全新游轮将于2014秋季以及2015春季竣工。

2012年6月，皇家加勒比国际游轮把旗下的“海洋航行者号”引入中国，并于2012年以上海为母港开设国际游轮航线。作为全球十大游轮之一，“海洋航行者号”进入中国后将成为中国乃至整个亚太地区最大的豪华游轮。“海洋航行者号”排水量高达13.8万t，拥有15层甲板，可载客3 114人。

云顶香港有限公司（Genting HK）

云顶香港有限公司于1993年9月成立，是全球休闲、娱乐和旅游及酒店服务业的领导企业，其核心业务涵盖陆地及海上旅游事业。云顶香港有限公司包括：第一，丽星邮轮（亚太区邮轮旅游业务）；第二，挪威邮轮（与Apollo及TPG合营的企业）；第三，马尼拉云顶世界（位于菲律宾马尼拉，隶属于达富来国际集团Travellers International Hotel Group, Inc.)。云顶香港有限公司以丽星邮轮品牌在亚洲经营邮轮旅游业务，是亚洲邮轮业的先驱，致力于将亚太地区发展成为国际邮轮航线目的地。丽星邮轮的主要品牌包括处女星号、双子星号、天秤星号、宝瓶星号、双鱼星号。目前，丽星邮轮连同挪威邮轮为世界第三大邮轮公司，共拥有19艘邮轮，航线遍及全球200 多个目的地，提供约39 000个标准床位。

云顶香港公司发布的年度报告（见表1-13）显示，截至2012年末，公司净利润达到1.98亿美元，较2011年上涨了7.0%。

表1-13　2008—2012年度香港云顶有限公司收支及运营数据统计

统计项目	2012年	2011年	2010年	2009年	2008年
营运收益/百万美元	520	494	400	373	441
净利润/百万美元	198	185	83	(22)	(101)
总资产/百万美元	3 450	3 122	2 698	2 604	2 568
运力/客位	35 000	35 000	35 000	30 000	30 000
邮轮数量/艘	18	18	18	17	16
雇员数量/千人	6.5	4.9	4.4	4.0	5.0
资料来源：云顶香港有限公司年度报告2012。					

2013年，挪威邮轮将会历史性推出三艘新船建造计划。其中于2013年4月下水的“挪威逍遥号”将成为以纽约为母港的最大邮轮，并于2013年5月起提供7晚的夏季航次到访百慕大。计划2014年1月推出的“挪威畅意号”，也将成为全球以迈阿密为母港的最大邮轮，为旅客提供7晚到访东加勒比的航次。已下订单建造的另一艘邮轮“Breakaway Plus”并预计在2015年秋季完工，同时正考虑于2017年完成建造另一艘新邮轮。

在建邮轮订单状况

邮轮旅游市场是典型的供给促动型市场，新邮轮的投放对于目标市场区的培育和发展有重要作用，新邮轮建设计划一直被各大邮轮公司视作市场扩张的平台。

北美市场在建邮轮

2012年底，北美市场新增5艘载客量达12 572客位的远洋邮轮。2013年，预期增加2艘邮轮，载客量新增4 483客位。2014年，另有4艘载客量达15 369客位的邮轮加入北美船队。2015年，新增3艘邮轮，载客量新增4 934客位。2012—2015年北美船队将至少增加14艘邮轮，比2011年的邮轮数量增长了7.8%，载客量将达到357 662客位，比2011年增长了11.6%。2011—2015年北美市场新增邮轮（见表1–14）。

表1–14　2011—2015年北美市场新增邮轮

年度	邮轮数量/艘	运力/客位
2011年总数	180	320 304
2011年净增加	5	12 572
2012年总数	185	332 876
2012年净增加	2	4 483
2013年总数	187	337 359
2013年净增加	4	15 369
2014年总数	191	352 728
2014年净增加	3	4 934
2015年总数	194	357 662
从2011年累计增加	14	37 358
从2011年每年增加	3.5	9 340

资料来源：CLIA，The Contribution of the North American Cruise Industry to the U.S. Economy in 2011，BREA。

欧洲市场在建邮轮（见表1–15和表1–16）

表1–15　2012—2016年欧洲市场邮轮订单

年份	邮轮数量/艘	载客量/客位	投资/百万欧元
2012	7	19 168	3 822
2013	6	14 050	2 497
2014	6	18 898	3 272

续表1–15

年份	邮轮数量/艘	载客量/客位	投资/百万欧元
2015	4	11 959	2 150
2016	1	3 250	500
总计	24	67 325	12 241

资料来源：ECC，Contribution of Cruise Tourism to the Economics of Europe，2012。

表1–16　2012—2016年欧洲市场远洋邮轮订单

建造国家	邮轮数量/艘	总吨位/t	载客量/客位	成本/百万欧元	成本比例/%
意大利	10	968 900	24 733	4 618	41.1
德国	8	993 300	26 096	4 753	42.2
法国	3	318 900	7 496	1 458	13.0
芬兰	1	9 700	2 500	411	3.7
总计	22	2 378 100	60 825	11 240	100.0

资料来源：ECC，Contribution of Cruise Tourism to the Economics of Europe，2012。

六、欧美邮轮市场消费特征

北美地区

根据国际邮轮协会（CLIA）公布的数据显示：2011年，约有1 040万美国居民曾搭乘邮轮旅行，占全球邮轮游客总量的64%。2011年，美国母港共接待980万邮轮旅客，占全球总接待量的60%，比2010年增长1.5%。佛罗里达州的母港约接待590万邮轮旅客，占美国母港总接待量的60%，与2010年持平（见表1–17）。

表1–17　2008—2011年北美地区邮轮市场规模增长情况

统计项目	2008年	2009年	2010年	2011年	年增长率/%			
					2008年	2009年	2010年	2011年
北美地区邮轮运力情况								
邮轮数量/艘	161	167	176	180	1.3	3.7	5.4	2.3
运力/客位	270 664	284 754	307 707	320 304	4.1	5.2	8.1	4.1
邮轮日/百万天	89.96	93.41	104.36	113.27	6.1	3.8	11.7	8.5
北美地区接待国际邮轮旅客情况								
邮轮旅客接待量/百万人次	13.05	13.44	14.82	16.32	3.9	3	10.3	10.1
邮轮日/百万天	9.29	9.43	10.02	10.37	−1.7	1.5	6.3	3.5
舱房使用率/%	8.958	8.904	9.694	9.843	−2.5	−0.6	8.9	1.5

资料来源：CLIA，The Contribution of the North American Cruise Industry to the U.S. Economy in 2011，BREA。

2011年北美市场6～8天邮轮假期的游客总量在四类不同时长的假期中所占的比例最高，超过市场总量的一半，由此反映出时长一周左右的邮轮假期最受市场追捧。而参加6天以内邮轮假期的游客总量所占比例约为

35%，是位列第二重要的一类邮轮假期。8天内的中短期邮轮航程在整个北美市场上的参与量约占90%，而2011年9～14天的邮轮假期参与比例为9.4%，相比2008年的参与比例9.0%表现为平缓增长。也就是说，北美市场选择的邮轮假期仍以中短期为主，总体趋势表现为缓慢延长（见表1-18和表1-19）。

表1-18 2008—2011年北美邮轮主要数据

年份	邮轮		运力			载客量		利用率/%	
	数量	艘次	游客/万人次	游客过夜/天	人均过夜/天	游客/万人次	游客过夜/天	游客	游客过夜
2008	120	4 239	9 039.20	59 527.40	6.59	9 941.60	64 343.50	110	108
2009	113	4 126	8 946.10	59 109.80	6.61	9 866.20	63 874.30	110	108
2010	114	4 216	9 601.40	64 235.30	6.69	10 627.00	69 826.70	111	109
2011	115	4 222	9 716.70	65 498.70	6.74	10 887.00	71 820.70	112	110
2012年一季度	104	1 155	2 721.40	18 635.80	6.85	3 017.70	20 267.90	111	109

资料来源：U.S. Department of Transportation Maritime Administration，Cruise Summary Table，2012。

表1-19 2008—2011年北美邮轮假期情况统计

假期时长	2008年		2009年		2010年		2011年		2012年一季度
	游客量/万人次	比例构成/%	游客量/万人次	比例构成/%	游客量/万人次	比例构成/%	游客量/万人次	比例构成/%	游客量/万人次
<6日	3 640.2	36.6	3 675.6	37.2	3 639.3	34.2	3727	34.2	990.3
6～8日	5 209.5	52.4	5116	51.9	5 815.6	54.7	5 933.3	54.5	1632.3
9～14日	890.4	9.0	881.3	8.9	1 005.5	9.5	1 025.3	9.4	358.7
>14日	201.6	2.0	193.2	2.0	166.6	1.6	201.4	1.9	36.5
总计	9 941.7	100.0	9 866.1	100.0	1 0627	100.0	1 0887	100.0	3017.8

资料来源：U.S. Department of Transportation Maritime Administration，Cruise Summary Table，2012。

欧洲地区

2011年，欧洲本土邮轮游客量占全球邮轮游客量近30%，相比10年前22%的所占比例增长了8%。在2009年全球经济衰退和随后的全球经济发展处于温和反弹的势态中，2011年，欧洲本土游客对邮轮旅游的需求也几乎没有减缓增长（见表1-20）。

表1-20 2006—2011年欧洲邮轮市场需求统计

年度	2006年	2007年	2008年	2009年	2010年	2011年
需求/百万人次	3.44	4.05	4.46	5.0	5.54	6.18
增长率/%	9.50	17.90	10.30	11.1	10.80	11.60

资料来源：ECC，Contribution of Cruise Tourism to the Economics of Europe，2012。

在邮轮旅游的目的地选择方面，欧洲游客偏好趋势见表1-21。

表1-21　2008—2011年欧洲邮轮游客目的地分布统计

目的地	游客量/万人次				增长率/%
	2008年	2009年	2010年	2011年	2010—2011年
地中海/大西洋沿岸	2 649	2 825	3 303	4 080	23.5
北欧	737	884	907	1 260	38.9
加勒比海及其他	1 036	1 235	1 242	1 500（估）	20.8（估）
总计	4 422	4 944	5 452	6 840（估）	25.5（估）

资料来源：ECC，Contribution of Cruise Tourism to the Economics of Europe，2012。

邮轮市场在过去的30年间一直呈现动态增长势态，主要需求驱动力在于北美市场，而欧洲市场和东南亚地区也在不断地抢占份额。2001—2011年期间，全球邮轮旅客量从991万人次增长到2 060万人次，增长率达到108%。尽管2011年北美邮轮旅客量相比2011年的增长66%，但该地区在全球市场中的相对份额已经从2000年的70%下降到2011年的56%。2001年，仅有214万人次的欧洲居民参与邮轮旅游，而2011年，这一数字增长到618万，10年间的增幅超过了189%，而同一时期欧洲国家的传统陆上旅游市场的游客量为5.02亿人次，仅增长27%。

2011年，在欧洲内部，英国、德国、意大利和西班牙、法国依然处于欧洲邮轮市场客源输出地的前五位，占据总市场份额的83%。欧洲邮轮市场在过去3年中增长了24%，在过去10年中增长了180%。2011年，60%的欧洲居民邮轮旅游目的地选择地中海/大西洋沿岸，20%选择北欧，另外20%选择欧洲以外地区，主要针对加勒比海地区。邮轮旅游目的地为欧洲地区的接待量处于前五位的国家为意大利、西班牙、英国、德国、希腊（详见表1-22和表1-23）。

表1-22　2011年欧洲邮轮客源市场统计

国家	邮轮旅客数/万人次	所占比例/%
英国	170.0	27.5
德国	138.8	22.5
意大利	92.3	14.9
西班牙	70.3	11.4
法国	44.1	7.1
斯堪的纳维亚	25.9	4.2
比荷卢	15.9	2.6
瑞士	12.1	2.0
奥地利	10.4	1.7
其他EU+3	38.2	6.1
总计	618.0	100.0

资料来源：ECC，Contribution of Cruise Tourism to the Economics of Europe，2012。

表1–23　2011年欧洲主要国家邮轮接待量情况

国家	邮轮旅客接待量/万人次	所占比例/%
意大利	186.1	33.3
西班牙	138.4	24.8
英国	87.8	15.7
德国	37.5	6.7
希腊	31.3	5.6
丹麦	22.0	3.9
法国	12.2	2.2
荷兰	9.9	1.8
塞浦路斯	5.6	1.0
葡萄牙	4.4	0.8
挪威	4.3	0.8
瑞士	4.0	0.7
芬兰	3.0	0.5
马耳他	2.0	0.3
EU+3	3.2	0.6
其他 EU+3	551.7	98.8
欧洲其他国家	6.8	1.2
总计	558.5	100.0

资料来源：ECC，Contribution of Cruise Tourism to the Economics of Europe，2012。

七、国际邮轮业发展面临的问题

邮轮发展的环境影响

邮轮旅游给大量的游客提供了利用海洋资源的机会,给旅游目的地带来可观的经济收入，但邮轮活动以及与之相关的基础设施的建设，给海洋和旅游目的地造成的环境污染及当地居民生活的影响也不容小觑。2007年11月23日凌晨，“探索者号”邮轮在靠近南极圈的南设德兰群岛附近撞上一座冰山后沉没，船舱内的燃油泄露，形成了8 km长、5 km宽的污染带，对附近海域造成严重环境污染。2012年1月13日的“歌诗达协和号”邮轮触礁事故，专家也恐防邮轮上装满2 300 t 柴油的油缸破损漏油，酿成海洋生态大灾难。吉廖岛一带原本海水清澈，是潜水圣地，附近是海豚和鲸鱼等的保护区。吉廖岛市长也说，邮轮此时已成为一个“生态计时炸弹”。所以，邮轮经济带来的对环境的负面影响引起建设邮轮码头的城市思考和重视，成为国际邮轮业发展面临的重要问题之一。

邮轮发展的安全担忧

随着生活水平的改善和收入的提高，越来越多的人选择乘坐邮轮休闲度假，邮轮也被称为“漂移的旅馆”。2013年2月10日美国豪华邮轮“凯旋嘉年华号”因发动机起火失去动力，在墨西哥湾尤卡坦半岛附近海域漂流，致使3 000多名乘客和1 000多名船员受困海上，美妙的休闲旅行转瞬化作痛苦的记忆。仅在2011年，全球乘坐邮轮在世界各地旅游的游客就高达1 600万人。随着邮轮旅游生意火旺，安全事故也时有发生。据有关方面统计，在1990—2011年的22年间，全世界共有79艘邮轮发生火灾。仅过去2年里，就有10多艘邮轮起火，其中部分邮轮被大火彻底烧毁。

邮轮的一个特点是其航线途径多国，停留多个城市和港口，因此邮轮公司利用这一特点，经常悬挂他国国旗，以避免本国高额税收。因为悬挂他国国旗，经过多个国家，且多数时候是在公海上航行，使得安全检查和监管比较难以实施，这为安全巡航埋下隐患。联合国下属的国际海运组织虽然负有海上航行安全检查的责任，但由于是国际组织，无法采取相应的惩罚措施，安全检查流于形式。另外，邮轮公司管理的邮轮经常超负荷运行，一些邮轮甚至缺乏正常的保养和维修。把乘客安全始终放在第一位，吸取过往教训，堵塞安全漏洞，排除安全隐患，保障每一位游客都安心上船、舒心旅行以及安全返航，这才是邮轮旅游的可持续发展之道。

邮轮发展的法规保障

邮轮旅游是旅游业的高端产品，近几年来，邮轮市场东移格局，东北亚国家一些港口城市相继为国际邮轮提供母港服务，邮轮旅游和邮轮经济的发展迈入起步阶段，但要进一步发展尚需政策和制度的逐步完善，即软环境的支持。如海关监管、邮轮企业经营资质认定、邮轮员工管理、邮轮航行在公海犯罪处理等，国际以及各国政府都亟需出台一系列的法律、政策和制度来进行规范。

邮轮发展的燃料风险

邮轮公司的运营成本主要取决于燃料价格，而邮轮燃料价格受控于世界原油价格。原油作为不可再生能源，储备有限，供应日益趋紧。在全球邮轮市场规模逐渐扩大，需求倍增的背景下，原油储量带来的燃料价格也将成为邮轮公司经营的主要风险因素，对依赖邮轮经济发展的地区也是一大挑战。

第二章　2012—2013年中国邮轮产业政策

一、国家层面

国务院

发布《国民旅游休闲纲要（2013—2020年）》

2013年2月18日，国务院办公厅全文刊发根据《国务院关于加快发展旅游业的意见》制定的《国民旅游休闲纲要（2013—2020年）》（国办发〔2013〕10号）在发展国民旅游休闲的措施中，明确提出：支持邮轮游艇码头等旅游休闲基础设施建设；积极发展邮轮游艇旅游等旅游休闲产品。该纲要的颁布，对蓬勃发展中的中国邮轮游艇行业而言，是继前不久政府出台《服务业发展“十二五”规划》之后的又一重大政策利好。中国的邮轮游艇产业经济，步伐坚定，未来可期。

发布《全国海洋经济发展“十二五”规划》

2012年9月16日，国务院发布《全国海洋经济发展“十二五”规划》。规划提出，要积极发展海洋服务业，大力发展海洋交通运输业、海洋旅游业和海洋文化产业，积极发展涉海金融服务业、海洋公共服务业，加快推进产业结构转型升级，保障海洋经济健康发展。加快上海国际航运中心建设，推荐天津北方国际航运中心、大连东北亚国际航运中心建设，提升国际航运合作水平。大力发展邮轮经济，推进大连、天津、青岛、上海、厦门、深圳、北海、三亚等港口邮轮运输，完善港口码头的旅游服务功能，支持有条件的地方发展成为邮轮母港。

批准《福建海峡蓝色经济试验区发展规划》

2012年10月，国务院批准了《福建海峡蓝色经济试验区发展规划》。该规划是继山东、浙江、广东之后，国务院批准的第四个试点省海洋经济发展规划。同时，依据规划制定的《福建海洋经济发展试点工作方案》也获得了国家发展改革委的批复。该规划提出依托东渡国际邮轮码头中心，调整优化部分岸线，完善符合国际邮轮标准的后勤服务与配套设施，大力开展国内、国际邮轮航线及无目的航线，推动厦门发展形成国际邮轮母港。

印发《服务业发展“十二五”规划》

2012年12月1日，国务院向各省、自治区、直辖市人民政府，国务院各部委、各直属机构印发了《服务业发展“十二五”规划》。在拓展海洋服务业领域方面，规划明确要求积极发展海洋旅游，进一步突出海洋生态和海洋文化特色，开拓国内国际旅游客源市场，发展海滨度假旅游、海上观光旅游、涉海专项旅游、海岛度假旅游和海岛生态旅游。加强旅游基础设施与生态环境建设，科学确定旅游环境容量，促进海洋旅游可持续发展。推进电子客票系统建设和联网售票，提升海上客运服务质量。加强客运码头、游艇码头及停泊区的规划建设和管理，发展海峡、岛屿间客滚运输和海上旅游、游艇经济。在有条件的港口发展集娱乐、休闲、餐饮、购物于一体的邮轮经济。

交通运输部

加强大型客船安全管理

2012年1月18日，针对意大利籍邮轮“歌诗达协和号”触角搁浅事故，交通运输部召开加强大型客船安全管理视频会议，强调汲取教训，采取最严格的安全管理措施，全面做好大型客船的安全管理。安全管理的具体要求为：一要使用符合规范要求的船舶；二要配备最好、最高标准的船员；三要加强对船员的岗前体系熟悉培训和在岗安全操作培训；四要加大安全投入，确保船舶维护保养工作正常进行，使船舶处于适航状态；五要严格执行安全管理文件要求和各种规章制度。

加强国际海上旅客运输市场准入管理

2012年3月22日，交通运输部发布公告规范国际海上旅客运输，就加强国际海上旅客运输市场准入管理作出详细规定。交通运输部在相关公告中指出，国际船舶运输经营者经营进出中国港口的国际海上旅客运输业务，应当依法取得交通运输主管部门的相应许可；开展国际旅客班轮运输经营的，应当依据《国际海运条例》规定，取得国际班轮运输经营资格；以外国籍船舶在华开展多点挂靠业务的，应当获得交通运输部特别批准。交通运输部明确指出：不予核准船龄超过30年及悬挂被列入港口国监管东京备忘录“黑名单”国家国旗的客船进出中国港口；在中国境内注册的国际船舶运输经营者，应当取得中国海事部门签发的证明，其运营船舶应当取得相应的安全管理证书，船舶应当具备与航区相适应的法定检验证书和船级证书；以租用船舶开展经营的（光租除外），经营者应当至少拥有一艘国际航行船舶。公告要求，各级交通运输主管部门和港口航运管理机构对违反《国际海运条例》规定、从事国际海上旅客运输的国际船舶运输经营者应责令限期改正。各有关港口经营人不得为未经批准开展进出我国港口海上旅客运输业务的船舶和国际船舶运输经营者提供上下客服务。

国家旅游局

国家旅游局支持以香港为母港的邮轮旅游发展

2012年6月28日，香港回归祖国15周年之际，中央政府制定并公布六大方面的政策措施，加强内地与香港合作，进一步支持香港经济社会发展。中央将允许内地旅行团乘坐邮轮从香港到台湾后，继续乘坐该邮轮前往日本或韩国旅游再返回内地。国家旅游局将从三个方面加大与香港合作，全力支持以香港为母港的邮轮旅游发展，大力开发高端旅游产品，开发国际客源市场的力度；推动内地沿海地区与香港共同设计“一程多站”旅游线路，合作编制邮轮旅游宣传资料；以及加快两地在邮轮旅游营运管理和服务安排的对接。新措施有助于进一步开发邮轮旅游线路，为内地游客提供更多的邮轮旅游产品。

2012年6月29日，国家旅游局港澳台司副巡视员任佳燕在香港举行的CEPA补充协议九政策说明会上，就中央政府在旅游合作领域的新措施对香港各界进行政策解读。新的措施，允许内地旅行团乘坐邮轮从香港到台湾后，继续乘坐该邮轮前往日本或韩国旅游再返回内地。任佳燕指出，这项新措施与CEPA补充协议八中关于“加大力度支持以香港为母港的邮轮旅游发展”的措施精神相符，有助于进一步开发邮轮旅游线路，为内地游客提供更多的邮轮旅游产品，是惠及两岸三地民众的一项有利举措。在实施初期，这项措施将以试点的方式开展，仅限于团队旅游，实行审批制度，专案操作。

国家旅游局批准在上海设立“中国邮轮旅游发展实验区”

2012年9月15日，“中国邮轮旅游发展实验区”在沪揭牌，这是由国家旅游局正式批准设立的我国第一个国家级邮轮旅游试验区，标志着上海邮轮旅游经济发展进入一个新阶段，率先探索我国邮轮旅游新模式。

在天津召开“第七届中国邮轮产业发展大会”

2012年9月18日，第七届中国邮轮产业发展大会在天津举行，国家旅游局规划财务司副司长胡书仁表示，邮轮旅游、邮轮度假已经被国家旅游局列入重点培育的旅游新业态，《中国邮轮旅游经济总体规划》的编制工作将在2013年启动。

国家旅游局下发《2013中国旅游主题年及宣传口号的通知》

2012年12月，国家旅游局下发《2013中国旅游主题年及宣传口号的通知》，确定2013年的旅游主题为“2013中国海洋旅游年”，宣传口号为“体验海洋，游览中国”“海洋旅游，引领未来”“海洋旅游，精彩无限”。通知要求各地充分发挥旅游主题年在市场宣传推广和产品开发中的引领作用，通过对海洋旅游资源的开发，打造海洋旅游拳头产品，广泛吸引海外游客聚焦中国、游览中国。同时，通过海洋旅游主题年，积极营造国内民众参与旅游、体验旅游的良好氛围。

国家旅游局批准在天津设立“中国邮轮旅游发展实验区”

2013年4月4日，国家旅游局正式批复同意，天津滨海新区设立中国邮轮旅游发展实验区，将天津的国际邮轮旅游纳入国家发展战略。国家旅游局提出，作为中国邮轮旅游发展实验区的滨海新区，要以“推进完善邮轮产业政策体系、促进母港建设管理能力、提升邮轮产业服务质量、培育本土邮轮服务力量、扩大邮轮经济产业水平”等五方面为主要内容，在重点领域加强研究，探索实验，并与其他邮轮旅游城市积极配合，为我国邮轮旅游持续、快速、健康发展不断积累经验，充分发挥示范功能和引领作用。

二、地方层面

华北地区

天津

2012年1月9日，天津市政府公布《2012年天津市政府工作报告》，提出继续打好滨海新区开发开放攻坚战，推进国际邮轮码头二期项目建设。

青岛

《2012年青岛市政府工作报告》中提出将开工建设邮轮母港，发展邮轮和高端游艇产业。2012年11月16日，青岛邮轮母港启动区修建性详细规划及主体建筑设计方案国际招标专家评审会举行，标志着青岛邮轮母港的规划建设取得阶段性进展，进入到设计、建设的新阶段。青岛邮轮母港启动区预计将于2014年实现正常运营。

烟台

2012年2月，烟台市公布《2012年全市港航工作要点》，提出要以芝罘湾老港区改造和黄金旅游岸线开发为重点，加快邮轮港、旅游及游艇码头的开发建设及国际休闲度假岛配套码头开发建设，2012年内要完成邮轮码头、旅游及长岛国际休闲度假岛配套码头的规划。

2013年2月13日，烟台市委和市政府发布《关于加快港航建设推动港口经济发展的意见》，提出着力发展现代航运业，建造邮轮，开展邮轮业务，在内引外联基础上做大、做强邮轮、旅游船、游艇产业，积极开辟邮轮、旅游航线，开发海上运动、旅游项目，力争建成邮轮港和游船基地。

2013年5月19日，烟台市邮轮游艇行业协会正式成立。协会提出的重点工作包括：一是参与制定行业政策和产业发展规划；二是推动游艇码头和运营管理等基础设施；三是促进邮轮游艇制造；四是大力发展邮轮游艇旅游；五是做好人才培训工作。

威海

2012年9月1日，威海市旅游局、财政局联合出台了《威海市旅游招徕奖励办法》，鼓励旅游企业招徕客源，进一步加大旅游客源市场开拓力度。该奖励办法规定，境外旅游包机150人及以上的团队，奖励人民币2万元，100人及以上的团队奖励人民币1万元；境内包机分别奖励1万元、0.5万元。组织专列到威海旅游的旅行社实行一次性奖励：600人及以上的团队，奖励人民币3万元；400人及以上的团队，奖励人民币1.5万元；300人及以上的团队，奖励人民币1万元。对组织旅游包船（邮轮）来威海旅游的奖励标准为海外邮轮800人及以上的团队，奖励人民币8万元；400人及以上的团队，奖励人民币4万元；国内邮轮分别奖励人民币4万元、2万元。另外，该奖励办法还明确了对按要求参加三大展会（国际、国内、北方旅游交易会）及海外旅游交易会的参展商的奖励政策。

华东地区

上海

2012年3月，上海市出台《上海市旅游业发展“十二五”规划》，明确邮轮旅游布局依托虹口北外滩的上海港国际客运中心和宝山吴淞口等邮轮码头，进一步完善旅游服务设施。上海市发改委表示将和上海市相关部门一起，继续推进落实上海市邮轮经济深化发展的各类政策措施，研究编制市游艇业规划，加快上海国际航运中心建设和国际邮轮母港建设。

2012年6月26日，以“邮轮旅游与海洋文化” 为主题的“2012年中国上海水上旅游发展论坛”在上海吴淞口国际邮轮港举行。上海市旅游局制定的《上海市邮轮产业发展“十二五”规划》已纳入上海市“十二五”经济、社会发展规划和国际航运中心建设当中。在“十二五”期末，上海将初步形成一港两地，多点联动的国际邮轮母港形态布局。

2012年6月，上海市宝山区获批“上海国际邮轮综合改革示范区”，同年9月，国家旅游局批准在上海设立“中国邮轮旅游发展实验区”。上海成为率先开展邮轮旅游业创新发展的先行先试实验区。

2012年7月，“2012国际邮轮服务人员培训就业计划”校园宣传推广活动在上海各大旅游院校以及部分旅游企业举行，并于8月在上海国际邮轮旅游人才培训基地顺利启动，标志着以“上海国际邮轮旅游人才培训基地”牵头开展的各邮轮培训项目已陆续落地。

舟山

2012年8月，国务院正式批复宁波-舟山港域口岸5个港区扩大开放。“十二五”期间舟山群岛新区已列入规划中的口岸港区扩大开放区域项目已经达到38个，在获批开放区域内新建项目将达到19个，涉及油品、修造船、散货码头、矿砂、煤炭、邮轮等领域。

宁波

2012年11月，宁波市出台《关于加快我市融资租赁业发展的若干意见》（甬政发〔2012〕96号），以支持宁波融资租赁业发展，探索在特殊功能区域注册的融资租赁公司从国外购入飞机、游艇、邮轮、医疗设备等大型装备，实行保税；支持金融租赁机构开展离岸业务；支持融资租赁公司与银行、信托、保险、担保等机构搭建交流合作平台，开发长租短贷等创新型产品。

华南地区

广东、广西、福建、海南四省

2012年11月29日，第四届泛珠三角区域口岸合作联席会议在海南三亚举行，广东、广西、福建、海南四省区口岸主管部门在会上联合签署《推进入出境邮轮游艇旅游休闲产业发展合作框架协议书》，泛珠四省共推入出境邮轮游艇业发展。根据该协议书，粤、桂、闽、琼四省口岸部门为共同推进邮轮游艇产业，将联合推动海关、检验检疫、边检、海事等口岸单位展开邮轮游艇领域合作，整合各单位信息资源，充分发挥电子口岸信息平台作用，实现区域内入出境邮轮游艇及港口信息共享；联手策划入出境邮轮游艇旅游休闲产品，支持旅游部门创建境外游艇在四省内“一程多站”和邮轮“一程多港”旅游方式；创新邮轮游艇通关、监管模式，为区域内邮轮游艇企业发展提供安全、便利、高效、优质的口岸服务。

广东

2012年8月20日，广东省委、省政府出台《广东省发挥发展滨海旅游业实施方案》（征求意见稿）。根据该方案，邮轮游艇新型高端旅游产业工程有重点项目8项，总投资522.2亿元。主要开发建设两个邮轮母港，深圳太子湾和广州南沙港打造一条一程多站式的具有国际竞争力的高端邮轮旅游精品航线，布点一批高端游艇中心。以广州、珠海、惠州、江门、阳江等城市为基地，规范发展游艇俱乐部，重点发展粤港澳互通的游艇项目。

2012年11月，广东省交通厅出台《广东省“十二五”沿海港口发展意见》，提出将加快建设以珠海、广州、深圳、中山和江门（银洲湖）为节点的珠江口大型修造船和海洋工程装备制造基地，支持珠海、湛江保税港区建设。以珠江口湾区港口群为重点，发展邮轮旅游。鼓励沿海各港口发展海上观光和游艇码头等休闲旅游产业基础设施。

福建

2012年10月16日，福建省公布了《关于支持厦门东南国际航运中心建设的十条措施》的通知，提出将借鉴国内外先进经验，把厦门东南国际航运中心建设成功能完善的国际集装箱枢纽港、国际一流的邮轮母港、对台航运的先行区和主通道、高端航运服务要素集聚区，具有全球航运资源配置能力的国际航运中心。该十大举措为：高起点编制发展规划；加快构建现代航运集疏运体系；大力促进各类航运要素集聚；支持壮大集装箱业务；加快国际邮轮母港建设；推动深化两岸航运合作；优化航运发展环境；构筑航运人才高地；实施用地用海优惠政策；积极争取国家政策支持。福建省将抓紧编制《厦门东南国际航运中心发挥发展规划》，在加快国际邮轮母港建设方面，推动建造10万 t 中国首艘豪华邮轮工程项目。

海南

根据国家旅游局《关于批准开通三亚至越南海上邮轮边境旅游线路的复函》（旅函〔2011〕383号）文件批复，国家旅游局经外交部、公安部和海关总署同意开通三亚至越南岘港、广宁（下龙）海上邮轮边境7日游线路，出入境口岸为海南三亚口岸。中方游客出入国境持用 3 个月 1 次出入境有效出入境通行证，越方游客出入国境持用本国护照或代替护照的有效国际旅行证件，并按规定办理相应签证手续。

2012年7月，三亚市委、三亚市政府联合下发《关于三亚市2012年促进经济平稳较快发展财政补贴政策的决定》。该决定通过对三亚包括游轮母港在内的八大产业的扶持，确保三亚经济保持平稳较快发展。

2012年8月8日，2012年上半年三亚市旅游工作会议透露，为扶持邮轮产业发展，对挂靠三亚港更多的国际豪华邮轮以及世界顶级邮轮公司落户三亚给予停靠奖励。对以三亚为母港且运行合同满1年的邮轮，给予每航次（进出港算一航次）补贴5万元；对长期（指停靠期3个月以上）三亚港的邮轮，给予每航次（进出港算一航次）补贴3万元。

2012年9月10日，《三亚市邮轮旅游发展专项规划（2012—2022）》通过专家组评审。该10年规划显示，三亚未来邮轮航线分为4类，即母港航线、国际挂靠航线、国内航线和特色主题航线。

2012年10月16日，海南国际旅游岛先行试验区国家税务局正式挂牌成立，旨在落实海南国际旅游岛各项税收优惠政策，在为先行试验区提供税收政策支持，推动免税购物、文化、邮轮游艇、旅游产业发展等方面具有重要意义。

2012年12月20日，海南省省长助理、省旅游委主任陆志远在海南省委2012年度理论研讨会上透露，海南已制定《三沙旅游开发管理规定》，正积极推进三沙旅游的开发、开放。陆志远认为，海南要加快发展海洋旅游，通过开发开放西沙旅游、推出邮轮游艇旅游等新业态旅游，打造海洋旅游精品。

深圳

2013年2月，深圳市政府出台了《深圳市人民政府关于促进我市旅游业更好更快发展的意见》，制订深圳市邮轮游艇产业发展战略和行动方案，加快邮轮游艇等海洋旅游发展。深圳市将大力支持蛇口邮轮母港建设，完善邮轮母港口岸查验设施建设，适时开通始发邮轮航线，吸引国际国内邮轮停靠。

北海

2013年2月，《2013年北海市政府工作报告》中提出：按照构筑旅游商贸物流中心的要求加快发展现代服务业，加快石头埠作业区1号、2号泊位建设，建成北海邮轮码头。

厦门

2013年3月，厦门市发布并实施《厦门市旅游产业高层次人才集聚暂行办法》，加大旅游产业高层次人才引进和培养工作。该办法中对厦门未来旅游产业现代化、国际化发展急需的旅游饭店、旅行社、旅游规划、旅游项目投资管理、旅游装备制造、旅游电子商务、旅游创意策划、邮轮业等高端管理领军人才和创业性领军人才制定了较为详尽的引才、育才和扶持等优惠政策。其中，不仅对引进人才的包含政策资金补助，还包括对厦门现有旅游饭店、旅游景区和旅行社管理人员的“旅游高级人才孵化计划”，以及从柔性人才引智角度实施的面向国内外高水平旅游专家顾问聘请计划等，希望通过旅游人才政策的推行，确实起到“海纳百川，有容乃大”的人才集聚效应，从而引领和支撑厦门旅游产业的跨越式发展。

西部地区

重庆

2012年4月26日，重庆市游轮旅游业中首个获得全国旅游标准化试点的企业——重庆长江黄金游轮公司在渝启动标准化试点工作，该公司计划花两年时间来探索和制定一套标准化的运作方案。重庆市旅游局长邝海表示，这有望成为重庆市游轮业的行业标准。重庆长江黄金游轮公司率先在行业内开展工作，实际上是向规范化迈出第一步，游轮行业正处于发展过程中，急需规范化的标准体系来管理，此次试点也是对长江游轮行业传统做法提出的新挑战。

2012年9月，重庆市政府发布《重庆市人民政府关于加快发展长江邮轮旅游经济的意见》（渝府发〔2012〕96号）。该意见提出的支撑政策包括：（一）项目管理。将发展长江邮轮旅游经济项目纳入市级重点项目进行管理，实行“一事一议，特事特办”的原则，确保项目有序、有力、有效推进。三峡后续规划旅游专项规划所列项目原则列入第一轮实施规划（2011—2014年）。（二）资源配置。发展长江邮轮旅游经济所属项目需新增建设用地的，在符合土地利用总体规划、城市规划、国家供地目录的前提下，应优先保障，及时完善相关手续。在不影响长江主干道船只航行安全的情况下，有关部门要支持利用三峡水库水面发展长江邮轮旅游经济。（三）税费优惠。享受西部大开发、国家统筹城乡综合配套改革、三峡后续工作等叠加优惠政策。同时，参照三峡库区产业发展优惠政策，对安置库区移民的长江邮轮企业给予资金补助，减免有关行政事业性收费等，支持长江邮轮企业发展壮大。（四）实行奖励。由市旅游局制订《重庆市入境旅游奖励办法》《重庆市长江三峡旅游奖励办法》《重庆市长江三峡邮轮（游船）奖励办法》《重庆市市内旅行社奖励办法》，特别要对境内外旅行社组团乘坐长江邮轮游览长江三峡的实施奖励。奖励政策实施期限为2012—2015年。

香港地区

国家旅游局表示，将从三个方面加大与香港的合作，全力支持以香港为母港的邮轮旅游发展，大力开发高端旅游产品，加大开发国际客源市场的力度；推动内地沿海地区与香港共同设计“一程多站”旅游线路，合作编制邮轮旅游宣传资料；以及加快两地在邮轮旅游营运管理和服务安排的对接。2013年6月，香港特区旅游事务专员容伟雄在发表的研究报告中透露，当局正与上海、新加坡、泰国等地紧密合作，力求在2013年下半年内完成与邻近港口的商讨，以期在2013年推出包含香港的全新泛亚太邮轮航线。

2012年8月，海峡两岸旅游交流协会（海旅会）与台湾海峡两岸观光旅游协会（台旅会）协商并达成共识，允许大陆旅行团乘坐邮轮从香港到台湾，可继续乘坐该邮轮前往日本或韩国，然后返回大陆。在实施初期，这项措施将以试点的方式开展，仅限于团队旅游，实行审批制度，项目操作。

台湾地区

2012年4月9日，台湾“交通部”表示，为促进观光，两岸已有共识，邮轮航行两岸，可一次申请多航次。同时，台湾“交通部观光局”推出补助奖励，若有大陆游客或外籍人士从大陆搭乘邮轮旅游亚洲国家，期间停泊台湾港口，并下船游览，观光局将提供每人最高25美元的补贴奖励金。

2012年12月29日，台湾旅游主管部门表示，为扩展邮轮旅游市场，增加大陆游客赴台观光，检附第二段航行邮轮船票或订位确认单，即可1次申请2张出入境许可证，新规定自2013年1月1日起实施。

第三章　2012年中国邮轮旅游市场

一、旅游市场概况和邮轮旅客统计

旅游市场概况

2012年中国旅游市场总体上表现出稳中求进的局面，而出入境旅游则呈现出不平衡性。具体来说，表现为以下三个特征：

（一）中国旅游市场从整体上说稳中求进。虽然2012年国际经济形势较为严峻，国内经济下行压力加大，但我国旅游市场总体来说稳中求进，为扩大内需作出了新贡献。据国家旅游局统计数据显示，2012年我国国内出游人数29.6亿人次，比2011年增长12.1%；国内旅游收入22 706亿元，增长17.6%。

（二）中国出境旅游保持高速发展态势。作为世界第三大出境客源国，2012年中国出境旅游呈现高速发展态势。从客源地区来说，二三线客源地区是新的增长点；从旅游群体来说，80后、90后正逐步成为出境游市场的重要消费群体；从旅游推广方式来说，微博等社会媒体愈发受到重视，在出境旅游推广营销中发挥重要作用；从出游方式来说，自助旅游愈发受到青睐。2012年国内居民出境人数8 318万人次，较上年增长18.4%。其中因私出境7 706万人次，较2011年增长20.2%，占出境人数的92.6%。

（三）中国入境旅游呈现下降小幅趋势。作为世界第三大入境客源国，2012年中国入境旅游出现小幅下降。由于金融危机、欧债危机、局部地区动荡、突发事件和各国普遍加强对入境旅游的竞争及人民币升值、签证便利化程度不够等客观因素影响，加上我们自身重视程度不够等主观因素，导致入境旅游的不确定性增强，而国际竞争加剧，分流更加明显。主要表现为中国港澳、韩日等基础市场不够稳定，印度、蒙古等新兴市场不够活跃，中东、中亚等潜在市场转化不快。2012年入境旅游人数13 241万人次，下降2.2%。其中，外国人2 719万人次，增长0.3%；香港、澳门和台湾同胞10 521万人次，下降2.9%。在入境旅游者中，过夜旅游者5 772万人次，增长0.3%。国际旅游外汇收入500亿美元，增长3.1%。

邮轮旅游统计

2012年中国邮轮市场接待量增长迅猛，主要原因在于邮轮供给大幅增加，新增歌诗达邮轮“维多利亚号”、皇家加勒比游轮“海洋航行者号”以及丽星邮轮“宝瓶星号”三艘邮轮进入市场运营，大幅推动出入境邮轮接待上升。

据中国交通运输协会邮轮游艇分会统计，2012年我国内地全年共接待国际邮轮262艘次，同比增长17.5%，接待邮轮出入境游客504 582人次。其中：从我国沿海城市出发的国际邮轮142艘次，同比增长49.5%，邮轮出入境游客252 084人次；访问我国沿海城市的国际邮轮120艘次，同比降低6.2%，邮轮出入境游客252 498人次。另外，2012年香港和台湾地区总体接待量较往年呈现小幅下降趋势。其中，香港全年共接待国际邮轮98艘次，接待邮轮出入境游客199 441人次，同比减少6.8%。据台湾港务股份有限公司统计，台湾基隆、高雄、台中、花莲四港2012年共接待邮轮331艘次，与2011年相比增加27个艘次；接待邮轮旅客323 863人次，同比减少12%。

近年来我国港口接待国际邮轮及出入境游客的情况，详见表3-1。

表3-1 2008—2012年中国港口接待国际邮轮及出入境游客统计

港口 Port	接待国际邮轮/艘次					接待国际邮轮出入境游客/人次				
	2008年	2009年	2010年	2011年	2012年	2008年	2009年	2010年	2011年	2012年
天津 Tianjin	15	26	40	31	35	20 000	—	100 000	72 000	119 096
大连 Dalian	4	—	11	17	18	—	—	19 794	46 616	21 268
青岛 Qingdao	13	10	15	21	10	16 000	—	—	33 601	15 000
上海 Shanghai	60	79	107	105	121	130 000	183 000	261 573	237 309	357 539
舟山 Zhoushan	—	—	—	4	—	—	—	—	4 900	—
厦门 Xiamen	56	26	58	11	19	73 668	20 247	19 656	12 572	35 917
广州 Guangzhou	—	—	—	2	—	—	—	—	1 610	—
海口 Haikou	—	—	—	1	2	—	—	—	1 004	—
北海 Beihai	160	100	88	32	—	63 430	26 113	21 881	22 000	—
三亚 Sanya	132	34	15	35	86	339 670	75 474	39 384	68 970	116 777
香港 Hongkong	184	94	120	104	98	782 475	605 711	244 820	213 981	199 441
花莲 Hualien	—	11	2	28	18	—	27 852	6 822	13 861	13 210
高雄 Kaohsiung	—	5	8	—	40	—	4 473	16 335	24 284	30 631
台中 Taichung	—	20	28	10	8	—	31 804	31 804	28 514	5 591
基隆 Keelung	—	100	111	121	263	—	266 345	300 000	302 943	274 151

说明：以上统计均不包含中国公民前往境外乘坐邮轮的情况（Fly + Cruises）。

资源来源：CCYIA历年邮轮统计；中华人民共和国交通运输部水运局2013年邮轮统计。

二、邮轮出境旅游市场分析

邮轮出境旅游市场主体

2012年中国邮轮出境旅游市场主体具有以下特征：

（一）目前我国选择邮轮旅游的游客中青年人居多，学历和收入层次都较高，企业工作人员所占比例大，家庭结构以三口之家一起出行为主。

（二）我国居民参加邮轮旅游的动机包括追求休闲氛围、异域风情、船上的娱乐活动、身份的象征、船上的美食和服务、邮轮的外观等因素。在这些动机中，体验邮轮休闲氛围和停靠目的地的异域风情所占比例最高，其次是体验船上的娱乐活动和参加邮轮活动体现的身份象征。

邮轮出境旅游航线选择

2012年中国邮轮出境旅游航线选择主要体现长度与区域两方面的明显特征：

（一）航线长度以中短期为主。国际上最受欢迎的邮轮产品为6～8天，而中国内地游客愿意倾向于4～7天的中短期航线，说明中国内地游客对邮轮产品的时间需求与国际需求特征相比有偏短期化趋势。

（二）航域区域以东北亚区域为主。2012年从中国出港的邮轮线路主要以日韩线、越南三亚线、香港台湾线为主，这些线路行程多在7天以内，价格最便宜只需千元左右。据统计，2012年选择这些邮轮航线的游客占到全年邮轮游客量的1/4。中国游客较不注重船上体验，这些航线在成熟的邮轮市场中处于低价位产品。

邮轮公司方面

全球邮轮市场的东移及中国对邮轮产业的重视，众多著名国际邮轮公司在华运营的关注与投入呈现跳跃式增长。各大邮轮公司逐步完善中文网站功能，增加亚洲出发路线、邮轮最新信息公布、目的地介绍、邮轮体验等业务。

邮轮包船方面

近年来，随着邮轮游市场的蓬勃发展，我国北京、天津、江苏、上海、广州、厦门等重点旅游城市许多有实力的旅行社纷纷通过“包船”来追求高利润率。2012年是我国邮轮包船业务迅猛发展的一年，包船航次和包租规模呈快速增长态势。

2012年3月7日：天津旅游集团召开“邮轮产品发布会”，宣布推出三个航次的包船旅游，进一步提升天津邮轮母港的地位。为适应日益升温的邮轮经济，天津专门成立了邮轮旅游的专业公司——天津津旅邮轮有限公司，与美国皇家加勒比公司合作三个航次，于6月30日、7月7日、9月9日组织市内和外阜游客6 000余人分乘“海洋神话号”和“海洋航行者号”赴日韩进行包船包航观光游。

2012年5月23日：中国国旅（江苏）出境中心独家包船意大利歌诗达“维多利亚号”，是全省第一家包下国际邮轮的旅行社，改变以往以“切位”“拼盘”为主，几家旅行社一起“搭伙”包船的承销模式。8月14日又独家包船皇家加勒比“海洋航行者号”。

2012年6月28日：江苏舜天海外旅游有限公司“豪掷”2 000多万元包下“海洋航行者号”，从上海出发开启5晚6天的日韩之旅。这是南京地区旅行社包下的第二艘国际顶级邮轮。

2012年8月20日：众信旅游宣布包下14万t 皇家加勒比“海洋航行者号”邮轮，于2012年9月16日从北京首发，前往日韩旅游。

2012年11月21日：广东中旅宣布包租歌诗达“维多利亚号”邮轮，于2013年1月12日首次推出以广州南沙港为始发港口前往越南的航次。

此外，除上海市场一直引领全国邮轮出境包船业务、维持稳定发展趋势外，更多发达的出境客源城市的旅游经销商不断尝试邮轮包船业务，加速推动我国邮轮市场向更广阔的客源腹地渗透。

旅行社方面

越来越多的国内旅行社开设面向特定需求市场的主题邮轮旅游线路，主要有北京市中国旅行社、康辉国际旅行社、南京中北友好国际旅行社等。

北京市中国旅行社：开辟19条邮轮旅游的主题旅游线路，几乎涵盖了在中国运营的大部分邮轮旅游线路。

康辉国际旅行社：开辟7条邮轮旅游的主题旅游线路，包括：地中海“辉煌号”环地中海+瑞士雪山12日之旅；地中海“音乐号”浪漫爱琴海11日之旅；皇家加勒比游轮“海洋绿洲号”西加勒比海+迪士尼世界14日之旅；丽星邮轮“宝瓶星号”三亚豪华邮轮3日游；香港邮轮旅游“香港海王星号”邮轮旅游；歌诗达“爱兰歌娜”号海南三亚越南下龙湾5日豪华邮轮旅游；“超级处女星”号新马（吉隆坡）4天3晚游。

南京中北友好国际旅行社：开辟5条邮轮旅游的主题旅游线路，包括：歌诗达“维多利亚号”上海—

济州—仁川/首尔4晚5日游；中韩“CK号”连云港-韩国首尔7日游；歌诗达“大西洋号”上海-济州—釜山4晚游；中韩“紫玉兰号”连云港—韩国首尔7日游；歌诗达“大西洋号”上海—济州—仁川/首尔4晚5日游。

网络合作方面

2012年3月23日，携程旅行网宣布获得皇家加勒比、歌诗达、丽星三大邮轮公司2011年的中国区销售冠军。同时正式上线新的邮轮子频道，并推出了冲绳、济州岛等独家代理的航次产品，把邮轮作为一项重要业务加快发展。携程旅行网宣布已经上线新的邮轮子频道，线路超过百条，覆盖到全球主要的邮轮航线区域，比如亚洲、欧洲、美洲、中东以及南极等航线。涉及的邮轮公司有：歌诗达邮轮、皇家加勒比国际游轮、丽星邮轮、荷美邮轮、挪威邮轮、地中海邮轮、公主邮轮、银海邮轮等；出发港口包括上海、天津、香港、新加坡、迈阿密、罗马等。产品包括团队游、自由行和邮轮船票等多种旅行方式，价格从数千元到数万元不等。

2012年12月24日，旅游网站同程网邮轮频道上线，该频道包含上百条邮轮线路。同程网合作供应商包含丽星邮轮、歌诗达邮轮、地中海邮轮、皇家加勒比邮轮、挪威邮轮等世界级邮轮公司，其出发地包括上海、三亚、香港、新加坡、迪拜、夏威夷等热门港口城市，产品涉及日韩、东南亚、欧洲、北美、中东非、澳新等航线。

另外，2012年7月，珠海毕升科技有限公司成功完成国内首例大型远洋邮轮（船舶）弱电工程项目，为“东方神龙”号一手打造的网络信息服务系统实现了中国弱电工程项目在海上平台服务的零的突破。

签证方面

2013年是中韩邦交正常化20周年，韩国旅游发展局在上海召开邮轮说明会，宣布韩国政府对乘坐豪华邮轮的中国游客可免签入境韩国3天。此次推出的出入境手续简化政策规定：以观光为目的搭乘往来于韩国与其他外国海域的豪华邮轮的乘客免签入境韩国3天。

三、邮轮市场消费特征分析

韩国航线最受中国游客欢迎

最受中国游客欢迎的十大邮轮航线是韩国航线、新加坡航线、三亚越南航线、香港台湾航线、中东航线、地中海航线、阿拉斯加航线、澳洲航线、加勒比海航线、北欧航线。中国游客出行较方便的韩国航线、香港台湾航线、新加坡航线、三亚越南航线的费用比较大众，旅行体验超值，包含船票、港务费和机票在内的人均费用在四五千元左右。

越南航线最便宜，阿拉斯加航线最贵

从高到低的十大热门邮轮航线是：阿拉斯加航线、澳洲航线、北欧航线、加勒比海航线、地中海航线、中东航线、韩国航线、香港台湾航线、新加坡航线、三亚越南航线。南极航线等高端的邮轮航线也开始有中国游客选择，根据航行天数不同，价格在4～8万元不等，但极为小众，人数还不成规模。

境外消费势头强劲

据韩联社报道，韩国观光公社（韩国旅游发展局）发布的“2012年外国游客游轮观光调查”结果显示，中国游客在游轮观光方面消费最高，1天人均消费约为1 000美元。调查对象包括2 361名外国游客，人均游轮观光

消费为512美元，同比增加19.9%。其中，中国游客人均消费998美元，日本为399美元，欧美为115美元。这表明中国游客在邮轮旅游的自费消费项目支出中，购物所占比例最高，其次是参观游览。

在线邮轮市场引热潮

2012年不少在线旅行商推出“跟着邮轮去旅行”系列邮轮活动、“海岛深度休闲年”系列活动和“中国海，休闲汇”活动，不仅向网友提供千元级的实惠邮轮产品，还推出上海、天津、三亚、新加坡等出港的百余个热销长短线邮轮产品，希望能够在国人中普及邮轮等海洋旅游产品。

第四章　2012年中国邮轮港口发展

一、中国大陆邮轮港口

上海

目前，上海市主要有两个接待邮轮的码头，分别是上海港国际客运中心和上海吴淞口国际邮轮港。

上海港国际客运中心位于黄浦江西岸，靠近外滩，拥有880 m 长的黄金沿江岸线，毗邻两条上海地铁线并与东方明珠电视塔隔江相望，主要接待7万吨级及以下的邮轮。上海港国际客运中心的国际客运码头面积约 20 000 m^2，水深 9~13 m ，可以同时停靠3 艘豪华邮轮，码头年通过能力达到100 万人次。

吴淞口国际邮轮港位于上海吴淞口长江岸线的炮台湾水域，即长江、黄浦江交汇入海的地方，也是长三角城市群和水上交通枢纽，主要接待8万吨级以上的超级巨轮。吴淞口国际邮轮港由宝山区政府与上海长江轮船公司共同出资建设，总投资12.6亿元，港区总面积超过160公顷，其中核心功能区面积为48.8公顷，主要功能为邮轮码头、商务办公、物流配送、交通枢纽、市政道路和景观绿化。港口前沿航道水深常年保持在9 ~ 13 m，距离长江主航道1 ~ 2 km，岸线长度约为4.1 km，新建码头长1 500 m，宽30 ~ 40 m，可同时停靠3艘10万 ~ 15万吨级的大型邮轮。

2012年7月7日，亚洲巨无霸“海洋航行者号”和韩国世博会直通车“歌诗达维多利亚号”母港邮轮先后抵达上海吴淞口国际邮轮港。这是两艘母港邮轮首次“相聚”、同港停靠，由此，吴淞口国际邮轮港自开港以来首次迎来万人以上超大客流通关，两艘邮轮的总吨位和载客量均创国内邮轮港运营历史纪录。

2012年9月15日，2012上海旅游节开幕式暨“中国邮轮旅游发展实验区”揭牌仪式在宝山吴淞口国际邮轮港举行，中共中央政治局委员、上海市委书记俞正声，上海市委副书记、市长韩正，国家旅游局局长邵琪伟共同启动2012上海旅游节开幕装置，韩正和邵琪伟为 “中国邮轮旅游发展实验区”揭牌。

2012年中秋国庆期间，上海港持续迎来邮轮客流高峰。上海吴淞口国际邮轮码头、上海国际客运中心共计迎送豪华邮轮达21艘次、国际客轮6艘次，边检民警检查出入境旅客船员3.56万余人次，同比2011年“十一”增幅达87%，创下上海港“十一黄金周”客流量历史新纪录。

天津

天津国际邮轮母港，于2010年6月26日正式开港，是亚洲最大的邮轮母港，也是中国北方第一个邮轮母港，能够接待目前世界上最大的豪华邮轮。天津国际邮轮母港位于天津港东疆港区的南端，毗邻东疆保税港区和东疆港海滩，总体规划面积120公顷，建造在天津填海造陆工程的基础上，规划岸线长度1 600 m，布置6个邮轮及相关功能泊位。天津国际邮轮母港客运大厦为“海上丝绸”的造型，国际邮轮母港登船桥由A380机位登机桥改造而成。

依托天津良好的邮轮旅游发展态势，预计到2015年，进出港的游客和船员将达到50万人次。为进一步提高邮轮母港的接待能力，2012年天津港启动母港码头二期工程的建设，并在母港后方区域，推进建设具有旅游、休闲、商业等功能的邮轮特色区，在东疆港区建起一座邮轮休闲城。

2012年6月12日，由天津邮轮母港始发的皇家加勒比国际游轮公司旗下“海洋神话号”将驶离天津港，正式开启其2012年暑期邮轮之旅。这是该邮轮连续第三年开启天津母港始发航线。此次天津航季期间将共推12条航线，占该邮轮2012年在中国母港始发航线的近50%。

2012年9月9日，由天津旅游集团独家包船包航的亚洲最大邮轮“海洋航行者号”在天津国际邮轮母港首次启航。“海洋航行者号”号称“亚洲最大豪华邮轮”，是天津旅游集团自2011年与美国皇家加勒比游轮公司合作包租“海洋神话号”后，又一次引进的世界十大邮轮之一。

2012年10月8日，“海洋航行者号”豪华邮轮搭载约3 000名旅客驶离天津国际邮轮母港，代表着2012年这艘“海上巨无霸”暂别天津，同时也标志着天津国际邮轮母港夏季航季结束。从6月12日起的近4个月的航季里，以天津为母港的邮轮共计运营19个艘次，近8万人次的旅客随船进出天津港，分别较2011年同期增长2.8倍和3.6倍。

三亚

2006年11月9日，三亚凤凰岛国际邮轮港建成通航，目前有一座8万吨级泊位。联检大楼约10 000 m^2，二楼联检厅总面积为2 389.55 m^2，设旅客通道8条，船员通道2条。2012年3月，国家公安部已批准在港口开办中国首个凭居民身份证（限海南籍）直接办理出入境签证大厅。

2012年1月，凤凰岛国际邮轮港二期工程开始筹建，包括新建3万吨级和10万吨级码头各1个，15万吨级码头2个及25万吨级码头1个。新建码头总投资16亿元人民币，预计2014年底完工，届时凤凰岛国际邮轮港将成为亚太地区最大的邮轮港，旅客年吞吐量将达到160万人次，可同时停靠6艘1～25万吨级的邮轮。

2012年11月2日，丽星邮轮“宝瓶星号”回归三亚，开启以三亚为母港的新航季。该邮轮将从2012年11月至2013年3月以三亚为母港，重启至越南下龙湾及岘港的航线。在新航季里，“宝瓶星号”计划执行140个航次，期间从凤凰岛国际邮轮港出入境的中外游客预计达到40万人次。

厦门

厦门国际邮轮中心于2008年6月正式启用，国际邮轮中心码头占地1.7公顷，按年吞吐量150万人次及高峰集中旅客到达量3 000人的功能要求，码头按靠泊14万吨级邮轮设计，能接待目前世界最大邮轮，客运大楼具备进出境查验、候船、休闲功能，游客可实现无缝通关。厦门港国际旅游客运码头主体码头岸线463m，前沿水深12.4 m，可停靠14万总吨的大型邮轮兼靠3万吨级集装箱货轮，另有2个3 000吨级客运泊位和2个工作船泊位。

2012年3月21日，厦门邮轮母港航线将常态化运营，分春季和秋季两批执行，全年确定开航21个航次，主要航线从台湾地区延伸至日韩和东南亚。10月19日，厦门邮轮母港开通直航台湾航线。

2012年9月25日，首届中国质量发展论坛在北京举行，公布了首批通过世界卫生组织口岸核心能力考核的达标口岸及单位名单，厦门国际邮轮中心继2012年7月由世界卫生组织和中国国家质检总局联合授予“国际卫生港口”后，又成为首批世界卫生组织口岸核心能力达标口岸。

2012年10月13日，根据厦门港务公告，厦门市政府为实施厦门国际邮轮母港项目建设，将以9.61亿元收储下属东渡码头1#～4#相关土地和资产。同时，公司拟以约14亿元在厦门海沧港区投建2个新泊位，并在嵩屿港租赁1个泊位，以承接现有业务、升级处理能力。

青岛

2012年，青岛市规划部门对全市的海岸带进行统一规划，市政府将大港区域的转型升级列为政府的重点工作。青岛市规划局会同有关部门开展了规划研究论证，对土地权属、城市交通、基础设施等现状进行调查摸底，完成了邮轮母港规划初步方案，将把大港区域打造成集港航服务、邮轮经济、金融商业、文化科技于一体的高端综合商务区，成为青岛市高端商务中心的重要组成部分。

2012年3月，根据青岛市政府2012年的工作报告，为发展邮轮和高端游艇产业，青岛邮轮母港将于年内开始建设，并在2013年年底建成。建设区域主要在青岛港6号码头，面积约为10公顷，新增 3个大型泊位，包括10万吨级以上邮轮泊位，并分期建设客运大厅。青岛港老港区邮轮码头将新建1个邮轮泊位，码头长度490 m，陆域纵深95 m，可停靠世界上最大的邮轮。该工程财政投资约9亿元，总建设周期为24个月。

2012年6月11日，山东省委常委、青岛市委书记李群到青岛港大港调研了青岛市邮轮母港规划工作。李群表示，邮轮旅游业是现代服务业和战略性新兴产业的重要方面，产业关联度高、集聚性强，是转方式、调结构的重要突破口。他强调，建设邮轮母港要更加体现人性化，在周密论证邮轮游客不同需求的同时，充分考虑当地居民休闲、购物、文化、活动等需求，让市民群众都能通过这个项目真正受益。

2012年11月16日，山东青岛邮轮母港启动区修建性详细规划及主体建筑设计方案国际招标专家评审会召开，标志着青岛邮轮母港的规划建设进入到设计、建设的新阶段。启动区建设计划投资60多亿元、占地34公顷。码头作业区将新建一个岸线长490 m，吃水13.5 m的码头泊位，加上现有的两个泊位，整体码头岸线将达到1 000 m，可停靠世界最大、吃水最深的邮轮。青岛邮轮母港启动区预计2014年实现正常运营。建设完成的邮轮码头将修建双向40通道，计划填海11公顷，并建设4个停靠码头，其中最长码头达520 m，可将作为世界最大邮轮“海洋绿洲”的回旋区；最短码头有220 m。

烟台

2012年2月，烟台市2012年港航工作要点出炉。根据工作要点，2012年烟台市将以芝罘湾老港区改造和黄金旅游岸线开发为港航工作重点，加快邮轮港、旅游及游艇码头的开发建设及国际休闲度假岛配套码头开发建设，年内做好邮轮码头、旅游及长岛国际休闲度假岛配套码头的规划，加快启动建设。2012年，烟台市初步计划安排新建续建港口项目27项，投资约29.5亿元。新建续建万吨级以上泊位25个，其中10万吨级以上泊位6个，扩建航道89.1 km，新建防波堤26.7 km，选划锚地79.8 km^2。

烟台山港航“十二五”发展规划中提出，对烟台港一突堤西侧泊位进行分期改造，建设载重量10万t，吃水12 m，可停靠包括亚洲最大邮轮在内的多个国际邮轮公司10万吨级邮轮及国内大型客轮的邮轮泊位。在一突堤东侧建设邮轮、游艇码头。配套码头泊位建设综合服务大楼、国际旅检厅、汽车待渡场、货场等设施，形成一个功能完备的国际邮轮码头。

南京

2012年3月19日，南京海事局组织召开了“南京邮轮经济发展研究”课题专家研讨会。与会人员对南京国际邮轮码头拟选址及江岸情况进行调研，并从南京发展邮轮经济的定位、邮轮经济发展体制机制构建、邮轮经济运行模式、邮轮旅游的市场评估等方面提出了中肯的意见，为南京发展邮轮经济提供了决策性的意见和参考。

2012年6月28日，南京旅游业协会邮轮游艇分会成立大会在新城大厦举行。南京旅游业协会邮轮游艇分会的成立，是为了进一步整合多方资源，发展南京及周边地区的旅游客运，充分挖掘利用现有的各种旅游客运资源，做好做大南京高层次邮轮游艇市场。

2012年7月11日，中国航海日活动期间，先后有两艘国际邮轮“汉莎蒂克”和“猎户星座2号”到访南京，但受南京长江二桥净空只有30 m的影响，两次造访南京的国际邮轮选择在五马渡客运码头靠泊。为此，南京海事局、南京交通运输局、南京旅游园林局展开“邮轮专业码头建设相关配套设施”的课题研究，初步将位置定在二桥的下游。

2012年7月11日，南京市下关区相关负责人在中国国际江海航运物流发展论坛上透露，下关将在幕府山五马渡地区，建设高水平国际邮轮码头，打造邮轮经济。码头定位为停靠中高端邮轮。该地区的重点发展方向是拓展长江内河游轮和国际邮轮业务，开辟长江和近洋航线，吸引国内外邮轮以此作为母港停靠，形成与国际接轨的集旅游、文化、宾馆、饭店、娱乐、商业等于一体的产业链。根据规划，中山码头到五马渡2.36 km^{2}范围已被下关区列为打造邮轮经济的重点区域。

重庆

2012年6月21日，《长江重庆段旅游码头规划》出炉。根据规划，重庆市将在长江沿岸打造12个旅游码头，其中2个游轮母港码头，10个一般旅游码头。2个游轮母港分别位于重庆南岸区广阳岛和鸡冠石下窑沟，游轮母港码头不仅设有大型游轮泊位，还有客运大厦等配套工程。在旅游淡季时，重庆市豪华游轮将停靠在母港，“变身”成为移动的5星级酒店。10个码头布局在涪陵蔺市、涪陵白鹤梁、丰都名山、忠县石宝寨、石柱西沱、万州壤渡、万州鞍子坝、云阳张飞庙、奉节宝塔坪和巫山龙门等地。其码头泊位长度都将满足130 m 以上的豪华游轮靠泊。

舟山

2012年10月，舟山国际邮轮码头主体工程完成，预计2013年5月免检大厅完工，6月投入使用。舟山国际邮轮码头工程在2011年9月26日开工，码头长365 m，宽52 m，吃水深度15 m，项目总投资约5.6亿元，建设规模为5万吨兼靠10万吨级游船的泊位1座。该码头具备国际邮轮码头功能和对台直航客运码头功能，同时兼具往返宁波、上海客运码头以及桃花、登步等普陀区南部岛屿旅游专线码头、环朱家尖海上游船码头等功能。同期开工建设的码头周边配套设施以及邮轮综合工程进展顺利，舟山国际邮轮码头周边配套日益完善，有民用机场、旅游集散中心等配套设施，码头与机场的距离在10 min 之内，码头的周边还有众多的景区、高尔夫球场以及3 ~ 5个游艇俱乐部。

广州

2013年1月12日，歌诗达“维多利亚号”邮轮以广东广州南沙港为始发港口，开创第一艘国际邮轮停靠广州南沙码头的纪录。

2012年2月，《东莞市综合交通运输体系发展“十二五”规划》提出，“十二五”末，东莞水运客运量达到32万人次，邮轮游艇码头年客运能力超过10万人次，这将促进东莞的码头建设发展，适时推进港口休闲产业发展，加快威远岛及沙田港区公共客运、邮轮、游艇码头的规划和建设，发展虎门港水上观光旅游以及水上交通服务。积极鼓励东莞市航运企业开辟新航线，重点发展国内沿海运输和华南至台湾、日本、东南亚等近洋运输。2012年7月15日，广东省发布了《广东省滨海旅游发展规划》，提出培育游艇邮轮旅游产业。根据该规划，广州将新建南沙邮轮母港，建设规划可靠泊国际豪华邮轮的码头与泊位，并发展与邮轮码头配套的大型购物中心和高端旅游休闲设施，建设年限为2012—2015年，总投资9亿元，需填海5公顷。

2012年12月4日，穗澳合作会议在澳举行，穗澳双方商定深化两地旅游合作。强化两地旅游资源整合，联合推广和宣传促销，共同开发“一程多站”旅游产品，加强旅游市场管理，积极探讨旅游培训的合作模式和项目。发挥澳门旅游休闲中心的优势，共同推动广州南沙邮轮港建设，继续探索游艇“自由行”，带动两地旅游休闲产品多元化、高端化。

深圳

2012年3月，太子湾邮轮母港工程动工建设，整个项目预计10年建成，可容纳22万吨级大型国际邮轮停靠。根据深圳的城市规划，太子湾片区总用地面积约72公顷，集高端商务平台、滨海休闲岸线、国际邮轮母港、交通中转枢纽四大功能体系为一体，区域内将建客运枢纽、会议展览、商务办公、文化休闲、餐饮娱乐为一体的现代化滨海国际商业商务区。太子湾片区将成为深圳西部水上门户。

海口

2012年3月，海口港新海港区客货滚装码头工程在海口市新海乡举行开工典礼。这个投资总额达24亿元的海南"十二五"重点建设项目的正式动工，标志着海南陆岛运输中心建设拉开序幕。作为海口"以港兴市"战略的重要举措，海口秀英港区功能搬迁是海口港新海港区客货滚装码头工程的重要组成部分。秀英港区将变成国际邮轮码头，以国际邮轮码头和城市生活区打造城市综合体，功能包括购物中心、主题公园、游艇邮轮，将成海口的地标性区域。

2012年11月，《海口市海口湾南海明珠邮轮港旅游综合开发人工岛区域建设用海规划》获国家海洋局批准同意开展海域使用论证和组织海洋听证工作。该规划用海总面积约459.3公顷，其中已批准填海面积约49.3公顷，新申请用海面积约410公顷(其中填海造地约216公顷)。新增海岛岸线约17 km，填海造地总投资约81亿元。将打造集入口主题广场、国际邮轮中心、海岛购物天堂、星级酒店、滨海嘉年华、国际娱乐区、体育场馆区等为一体的高端邮轮旅游综合开发区。

福建

2012年，福建省莆田市立足海洋经济发展格局，优化五大海洋经济区，多措并举着力建设海洋新兴产业基地。规划建设湄洲岛万吨级邮轮码头，完善符合国际邮轮标准的后勤服务与配套设施，建设国际邮轮子港基地；加快湄洲岛国际游艇俱乐部、妈祖城游艇俱乐部、平海爱莱阁游艇港湾项目前期报批工作2012年底，宁德市旅游局表示为配合2013年中国海洋旅游年的开展，宁德将打造一批海洋旅游特色产品，并推出对接三亚至大连邮轮的滨海旅游精品线路。宁德将重点开发青山岛国际度假中心、东冲半岛海峡摄影基地、嵛山岛生态旅游休闲中心，实现"一岛一品"。并将建设一批滨海旅游配套设施，包括优先建设邮轮停泊港，构建连接滨海旅游景区（点）及与周边主干交通网络之间的旅游快速通道等。另外，开发休闲渔业游以及参与性和娱乐性强的海洋体育竞技旅游项目、海洋康乐服务项目、海洋美食文化旅游产品，加大邮轮游艇、水下潜艇观光旅游项目开发等。

二、香港地区邮轮港口

2012年3月8日，香港旅游事务署宣布，由环美航务、皇家加勒比游轮有限公司和冠新有限公司合资组成的Worldwide Cruise Terminals Consortium（WCT）获批启德新邮轮码头的营运和管理租约。

根据租约，WCT除负责安排邮轮的停泊和落客外，还需负责邮轮码头的运作及管理。另外，WCT须向香港特区政府缴交固定及浮动租金，营运10年期内的固定租金总数约1 300万港元，特区政府另收取营运商总收入的一个比例作为浮动租金。营运商的总收入愈高，摊分给特区政府的总收入比例会愈高，WCT向政府摊分总收入的比例介乎7.3%～34%。

2012年，启德邮轮码头兴建的进度良好，首个泊位可在2013年4月落成，届时大型邮轮可以直接在维多利亚港停泊。香港特区将在2013年推出包含香港的全新泛亚太邮轮航线。据预计，从新码头启用至2023年，每年可为香港带来15亿～26亿港元的额外经济效益，并新增5 000～8 000个就业机会。

2012年全年，香港特别行政区共接待邮轮98艘次（不包括无目的地航线），比2011年减少6个艘次；共接待邮轮旅客199 441人次，同比减少6.8%。在邮轮旅客总量中，来自中国内地的旅客450 386人次（包括无目的地艘次），同比增长11.2%。2012年在香港登船的中国内地邮轮旅客为28 137人次，相比2011年的40 213人次下降了30%，这主要是因为中国内地天津、上海等邮轮母港的建设运营，分流了一部分游客。

三、台湾地区邮轮港口

2012年3月1日，“台湾港务公司”挂牌，基隆港务局表示，改制后发展主轴仍是“内客外货”，客轮方面希望成为更多国际邮轮的母港。目前基隆港西岸主要停靠两岸渡轮“中远之星”和“台马轮”；东岸则停靠国际邮轮如丽星、“钻石公主号”等定期和不定期邮轮。旅客服务所统计，2011年的旅客量约46万人次，比2010年成长2.62%，旅客量几乎逐年成长。

2012年4月，第一家台资企业投资的亚太船舶公司亚太船舶公司成立，并从欧洲引进五星级豪华邮轮，取名为“宝岛之星”，可载运约1 100人，推出基隆经公海到高雄、花莲或台中的环岛航线。

2012年9月13日，台湾港务公司董事长萧丁训表示，2015年将在高雄港成立全台首个邮轮经济区，串连基隆、澎湖，与大陆厦门进行资源整合，形成两岸邮轮圈。公司与美国米高梅、好莱坞派拉蒙、皇家加勒比游轮等财团接洽合作开发占地36公顷的1～22号码头，总投资额逾300亿元新台币，落成后将提供七星级帆船酒店、一般旅馆、国际商务中心、海洋主题乐园、游艇俱乐部、免税购物中心、水上餐厅等旅游设施。

第五章　2012年中国邮轮航线和运力

一、大邮轮圈和主要邮轮航线

2012年中国邮轮航线主要集中在三大邮轮圈：东北亚邮轮圈、海峡两岸邮轮圈和东南亚邮轮圈（见图5-1）。

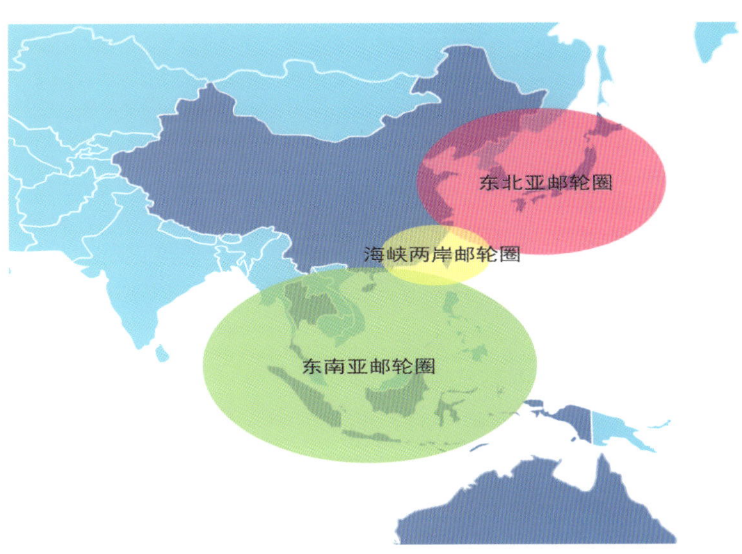

图5-1　三大邮轮圈示意图

主要运营邮轮

皇家加勒比“海洋航行者号”	
船舶概况	
首航/重新装修年份	1999年/2002年
吨位	137 300 t
长度	311.1 m
宽度	38.6 m
最大载客量	3 840人
甲板层数	15层
最高航速	22 kn
船员人数	1 500人
客房总数	1 557间

皇家加勒比“海洋神话号”		
	船舶概况	
	首航/重新装修年份	1995年/2005年
	吨位	70 000 t
	长度	264 m
	最大载客量	2 076人
	甲板层数	11层
	船员人数	723人
	船舱总数	900间

歌诗达“维多利亚号”		
	船舶概况	
	首航/重新装修年份	1996年/2004年
	吨位	75 166 t
	长度	252.9 m
	宽度	32.25 m
	最大载客量	2 394人
	甲板层数	14层
	最高航速	22 kn
	船员人数	790人
	客房总数	964间

日本长崎豪斯登堡邮轮公司“海洋玫瑰号”邮轮		
	船舶概况	
	吨位	30 413 t
	长度	192.91 m
	宽度	29.42 m
	载客量	1 050人
	航速	21 kn

台湾航业“台华轮”		
	船舶概况	
	建造年份	1989年
	吨位	8 134 t
	长度	120 m
	宽度	19.3 m
	载客量	1 150人
	航速	22 kn
	造价	7.2 亿多新台币

中日国际轮渡公司“新鉴真”轮

船舶概况	
首航年份	1994年
吨位	14 543 t
长度	157 m
载客量	345人
航速	21 kn
标准箱位	250 TEU
造价	51亿日元

主要运营航线

2012年我国邮轮主要运营航线见表5-1。

表5-1　2012年中国邮轮主要运营航线

区域航线	经典航线	航线图
日韩航线	航线：日韩航线 途经港口：上海—济州岛—仁川（首尔）—上海 航程：5天4晚	
日韩航线	航线：日韩航线 途经港口：上海—釜山—福冈—鹿儿岛—上海 航程：7天6晚	

续表5-1

区域航线	经典航线	航线图
日韩航线	航线：日韩航线 途经港口：上海—神户—清水/静冈—横滨—济州岛 航程：8天7晚	
日韩航线	航线：日韩航线 途经港口：天津—福冈—别府—鹿儿岛—釜山—天津 航程：8天7晚	
日韩航线	航线：双母港航线 途经港口：青岛—济州—上海—首尔—青岛 航程：8天7晚	
东南亚航线	航线：东南亚航线 途经港口：香港—三亚—下龙湾—香港 航程：5天4晚	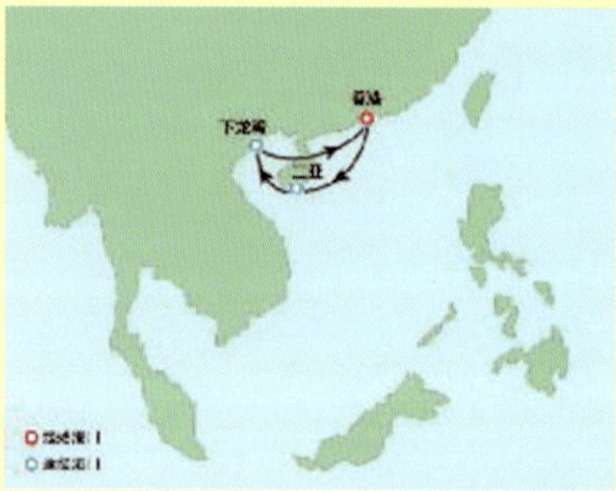

续表5-1

区域航线	经典航线	航线图
东南亚航线	路线：中越航线 途径港口：三亚—下龙湾—三亚 航程：3天2晚	
东南亚航线	路线：赴台航线 途径港口：上海—舟山—基隆—台中—上海 航程：6天5晚	

二、国际邮轮公司运力

2012年，在中国运营的国际邮轮公司有8家，共9艘邮轮，总共载客量为14 149人。其中“赞丹号”“飞鸟二号”“勇士号”为挂靠港邮轮，到访三亚，其他6艘均为母港邮轮。“海洋玫瑰号”为短期营运，是第四家以上海为邮轮母港的邮轮公司。这些在中国营运的国际邮轮，小至不到350客位，大到3 000多客位。2012年在中国的主要国际邮轮公司的运力情况见表5-2。

表5-2 2012年在中国的主要国际邮轮公司运力

公司	船队	客舱数/间	载客量/人
歌诗达	维多利亚号	964	2 394
皇家加勒比	海洋航行者号	1 557	3 114
	海洋神话号	900	2 074
	海洋水手号	1 557	3 114
丽星	宝瓶星号	756	1 529
	双子星号	356	716
	海娜号	739	1 965

第六章　2012年中国邮轮产业新形势透析

一、国际邮轮公司在中国市场投入加码

在北美市场渐趋饱和、欧洲市场增速放缓的宏观背景下，国际邮轮公司在2012年不仅加大了对中国市场的运力投放力度，且大幅提升了投放邮轮的品质。一般而言，国际邮轮公司投放在新兴市场国家的邮轮大多为船龄较长且临近翻修的邮轮，如前几年进入中国开展邮轮母港航次运营的“爱兰歌娜号”“经典号”“浪漫号”和“海洋神话号”等。2012年皇家加勒比国际游轮公司一改昔日做法，将旗下13.8万t、居全球十大邮轮之列的“海洋航行者号”调至中国，先后以上海和天津为母港开辟邮轮航线。另一邮轮巨头歌诗达邮轮公司也将旗下“维多利亚号”投放至中国市场。丽星邮轮公司的“宝瓶星号”于2012年11月开通第二季三亚母港邮轮航线。三大邮轮集团竞相布局中国市场，抢夺内地邮轮旅游市场蛋糕和“消费者眼球”的角力进一步加剧。

与此同时，一些尚未在中国开辟母港航游业务的国际邮轮公司也提高对中国市场的关注程度，如地中海邮轮公司将其在香港、台湾的业务统一划转到内地的合资企业——地中海邮轮旅行社（上海）有限公司，加大其对中国大陆市场的投入。公主邮轮公司等企业负责人也频频到访中国，洽谈以中国为母港的邮轮航线开发。

二、中国邮轮产业规模扩张步伐加快，结构有所改善

2012年中国邮轮旅游市场总体规模扩张势头加快，在入出境游客总量、母港邮轮数量、邮轮总航次、母港邮轮航次等几个方面都比往年有较大幅度的增长。从结构上来看，亦有所改善，具体表现在邮轮母港航次比例提高、母港邮轮吨位及船龄改良等。同时，我国邮轮产业界在产业链整合协作方面也出现了新亮点，如2012年4月9号天津东疆港管委会与天津旅游集团签署了共同促进以邮轮产业为核心的新型旅游产业合作协议，形成了大型旅行商与邮轮港口服务机构间共同扩大邮轮旅游市场的合力。

当然，我国邮轮产业仍面临诸多问题，如母港邮轮航线单一，局面没有大的改善。2012年，在中日关系更趋紧张后，国内母港航次仅能覆盖韩国、越南两国的部分港口，以及中国台湾和香港等地港口，难以满足游客需要。国内邮轮市场上航线匮乏的局面，不仅降低了国内母港邮轮产品的市场吸引力，也加大了我国邮轮产业运营风险，一旦国际地缘政治形势变化，必将对国内邮轮经济产生严重影响。

三、邮轮旅游有利于邮轮消费和经营政策环境的改善

2012年中国公民乘坐邮轮外出旅游更加便利。一方面依托国内港口城市的母港航线数量和频次都比往年有大幅度的增加，便利了当地及周边城市居民乘坐邮轮出游。在2012年，除了上海国际客运中心、吴淞口国际邮轮码头和天津邮轮母港出发的母港航线外，海南海口（秀英港）至越南下龙湾的邮轮航线于年初复航，且国内游客只需凭身份证即可办理过境通行证；三亚也获批开通了由丽星邮轮“宝瓶星号”执航的三亚至岘港、广宁（下龙湾）的母港邮轮航线。皇家加勒比国际游轮公司“海洋神话号”也开通了以厦门为母港的日韩邮轮航线。另一方面，国内或国外政府进一步放松针对邮轮游客的签证政策，也改善了我国邮轮旅游的消费环境。如韩国政府宣布对乘坐邮轮入境的中国公民提供3日免签优惠，只需提前进行团队免签确认，从而降低了出游者的成本和费用；我国政府允许中国公民乘坐邮轮抵达香港、台湾后，可以继续前往日本和韩国的港口城市开展邮轮旅游。

2012年中国在邮轮旅游服务提供和邮轮企业经营环节也出现了一些亮点。如上海作为国家邮轮产业试验区，区内由外资邮轮公司设立的旅行社获准允许经营组织中国内地公民从上海出发的邮轮旅游业务。

但是总体来看，中国邮轮旅游消费和经营环境仍然亟待改善，有很多阻碍中国邮轮旅游产业大发展的政策需要尽快调整。如在入境签证方面，2012年国务院批准上海空港可对45个国家公民实施72小时过境免签，但乘邮轮或国际客轮入出上海港的游客不能享受免签政策；海峡两岸邮轮航线虽然有望从逐班次审查放宽为批量班次审查，但仍须专案办理，无法常态化运营。

四、港口城市建设邮轮港口设施的热度不减

2012年上海正式确立了“两主一备”的邮轮港口格局，天津（东疆）国际邮轮母港和三亚凤凰岛国际邮轮码头的二期工程都在加紧建设，厦门国际邮轮中心也完成了向邮轮始发港的转变，并成为首批世界卫生组织口岸核心能力达标口岸；香港启德邮轮母港基本建成。客观来看，中国沿海邮轮港口体系已初具形态。但在亚太及中国邮轮产业快速发展和我国大力发展海洋经济的宏观背景下，国内港口城市在邮轮港口设施建设方面的热度并未减弱。除了之前已开工在建的大连国际邮轮中心，舟山群岛国际邮轮码头和三亚凤凰岛国际邮轮母港二期之外，2012年又有几个港口城市启动了邮轮港口建设项目，2012年3月9日深圳太子湾邮轮母港动工，2012年5月23日投资8亿元的青岛国际邮轮母港码头主体工程正式开工。除上述付诸实施的新建邮轮港口项目外，还有多个城市都在积极筹备本地邮轮港口建设计划，如海口市积极促成海口湾南海明珠邮轮港用海规划获得国家海洋局批准；南京市已明确在长江二桥下游建造邮轮码头的意向；福建莆田市完成了在湄洲岛建设万吨级国际邮轮码头规划等。

五、中国企业开始涉足邮轮制造环节

作为邮轮经济中的重要产业环节——邮轮设计和建造历来被德国、意大利、芬兰和法国等欧洲国家所垄断。我国虽早已跻身世界第一造船大国，但在邮轮设计及建造方面一直存在空白。2012年4月，国内知名造船企业——长航重工金陵造船厂与澳大利亚富豪克莱夫・帕尔默签订了建造“泰坦尼克号Ⅱ”豪华邮轮的谅解备忘录，表明中国造船企业开始涉足邮轮制造业。虽然“泰坦尼克号Ⅱ”的设计仍由芬兰公司承担，金陵造船厂仅承接建造环节，但这无疑是中国造船企业在豪华邮轮制造方面迈出的重要一步。2012年6月山海树集团下属的厦门环球邮轮有限公司与厦门船舶重工股份有限公司签署了豪华邮轮委托建造协议，开启了豪华邮轮由中国企业投资并由中国船厂建造的新篇章。

2012年我国长江三峡内河航线上相继建成并下水运营的“长江黄金系列”和“总统系列”等大吨位、高等级游轮也显示了我国造船企业在豪华邮轮建造方面所具备的潜力。

另据相关报道，在欧美经济不景气，中国消费市场规模和实力剧增的背景下，拥有成熟的邮轮设计、建造技术和经验的造船企业及团队有与中国造船企业合资合作的意愿，以此获取中国邮轮市场不断增长所带来的邮轮建造商机。

六、更加重视邮轮人才培养，国际合作渐成趋势

2012年邮轮业界和相关地区对邮轮专业人才培训和教育的重视程度进一步提高，并在实践中更加注重与国际企业和机构的合作与交流。在天津召开的第七届中国邮轮产业发展大会首次专门设置以邮轮人才引进和培养

为主题的分论坛——“邮轮人才论坛”。2012年4月18日，上海海事大学、上海国际港务（集团）股份有限公司与英国海贸（国际）传媒集团三方共同创办了上海海事大学亚洲邮轮学院。该学院作为中国乃至亚洲范围内首家具有学位授予资格的专门培养邮轮管理专业人才的学院，将借助英国海贸（国际）传媒集团在邮轮人才培养方面的国际化资源，率先在国内形成以MBA，EMBA教育为主，辅以本科教育的邮轮人才教育体系。

2012年6月26日，由上海宝山区政府、上海工程技术大学、中国交通运输协会邮轮游艇分会以及歌诗达邮轮公司和皇家加勒比国际游轮公司两家邮轮企业共同创办了上海国际邮轮学院。该学院充分依托外方邮轮企业的邮轮员工培训资源和实习基地，实施2年理论学习加2年岗位实习的邮轮本科人才培养模式。另外，作为天津规模最大的邮轮专业人才培养机构——天津海运职业学院与皇家加勒比国际游轮公司也初步达成了以中国籍邮轮专业人才培养输出和邮轮船员在岗培训为主要内容的合作意向。

第七章　2013年中国邮轮市场发展趋势和预测

一、“2013中国海洋旅游年”助力邮轮经济

2012年12月1日，国务院印发了《服务业发展“十二五”规划》。在拓展海洋服务业领域方面，规划明确要求积极发展海洋旅游，进一步突出海洋生态和海洋文化特色，开拓国内国际旅游客源市场，发展海滨度假旅游、海上观光旅游、涉海专项旅游、海岛度假旅游和海岛生态旅游。

2013年1月1日，“美丽中国，海洋之旅”为主题的2013中国海洋旅游年启动仪式在三亚举行。国家旅游局提出通过加强对海洋旅游资源和产品的宣传推介，引领行业不断开发邮轮游艇、滨海休闲度假、海岛观光、创意文化等海洋旅游新产品、新业态，打造旅游新亮点。同年2月，国务院发布的《国民旅游休闲纲要（2013—2020年）》明确提出：支持邮轮游艇码头等旅游休闲基础设施建设；积极发展邮轮游艇旅游等旅游休闲产品。4月10日，习近平总书记在三亚邮轮码头提出发展高水平旅游业，这是对邮轮、游艇新兴旅游产业的认可和支持。由此判断，2013年国家政策层面形势将有利于我国邮轮经济的发展。

二、国际邮轮床位供给量翻番，2013年全国邮轮接待艘次将继续增加

2013年，中国市场运营母港航线的邮轮从2012年的2艘增加到7艘，除了皇家加勒比“海洋航行者号”、歌诗达“维多利亚号”和丽星“宝瓶星号”以外，皇家加勒比“海洋水手号”、歌诗达“大西洋号”、丽星“双子星号”和海航“海娜号”也将陆续开辟上海、天津、三亚、厦门港口始发航线。

上海：2013年已确定出入上海港的邮轮达330艘次，相比2012年增长34%。

天津：2013年天津邮轮母港预计全年接待邮轮近90艘次。其中天津母港航线计划运营74艘次，较2012年母港航线数量增加289%。

三亚：2013年三亚凤凰岛国际邮轮港预计接待邮轮近130艘次。

厦门：2013年厦门港预计靠泊国际豪华邮轮17艘次。

三、出入境邮轮旅客人数将创下新高

对于中国居民而言，旅游花费已成为仅次于购房或买车的又一高消费支出。报告预测，到2020年为止，中国的境内和境外旅游消费每年或将增长14%，到2020年将达到5.5万亿元（约合8 380亿美元），而去年的数字为1.5万亿元。

《2013年中国旅游者意愿调查报告》显示，2013年市民旅游意愿强烈，近半数将出游3～4次，约半数选择用带薪休假错峰旅游。在全年人均旅游预算方面，选择2 000元以下的比例为5%，56%的旅游者将支出1万元以上，其中5%预算超过5万元，消费水平持续提升。

2013年中国邮轮航线部署的增加也顺应了这一消费趋势，出入境邮轮旅客人数将创下新高，其中大部分增幅将来源于中国出境邮轮旅客数量的大幅增加。

四、邮轮消费者整体年龄偏低

选择邮轮旅游的游客中青年人居多，学历层次和收入层次都较高，企业工作人员所占比例大，家庭结构以三口之家一起出行为主。我国居民参加邮轮旅游的动机基于休闲氛围、异域风情、船上的娱乐活动、身份的象征、船上的美食和服务以及邮轮的外观等因素，在这些因素中，邮轮休闲氛围和停靠目的地的异域风情所占比例最高，其次是船上的娱乐活动和参加邮轮活动体现的身份象征。

五、短途航线最受消费者欢迎

芒果网发布的“2012年邮轮旅游人气排行榜”显示：最受中国游客欢迎的邮轮航线中韩国航线夺冠；中国游客选择邮轮旅游倾向于4～7天的中短期航线，5 000元左右价位，阳台房更受消费者欢迎。

2013年，从中国港口出发的邮轮航线将主要以中韩航线、三亚越南航线、海峡两岸航线和香港台湾航线为主，4～7天的中短期航线产品最多，邮轮产品价格与2012年基本持平，但是邮轮公司和旅游社都有加大促销力度的意愿，来适应竞争日益激烈的中国市场。

六、海峡两岸航线将成亮点

台湾海峡两岸航运协会(台航会)与海峡两岸航运交流协会(海航会)2013年初会谈达成共识，对于外籍国际邮轮航行两岸，双方同意两岸资本并在两岸登记的企业，经申请批准后，可以包租外籍国际邮轮，从事两岸间的运送，并将以多航次审批的方式试办推行一年。双方也同意经批准的国际航线外籍邮轮，可以直接挂靠两岸港口，但不得从事两岸间旅客运送，试办期限一年，对两岸邮轮旅游发展有正面效益。

皇家加勒比游轮表示2013年将增加台湾邮轮航次，歌诗达邮轮、公主邮轮也将首度停靠台湾。三大邮轮公司集中在5，6月开航，预计将运送旅客万名以上。目前以基隆港为母港的邮轮丽星，2013年也将增加航次，丽星表示，台湾邮轮市场近年来都维持5%～10%的增长幅度，载客率居高不下，加上台湾拟推动国际邮轮直驶两岸，商机可观。

七、旅行社仍是邮轮航线产品销售主要渠道，线上销售模式发展迅速

尽管邮轮旅游市场在欧美已经发展成熟，但对于大多数中国游客来说，邮轮还是一个比较陌生的概念。很多国内游客对邮轮旅游缺乏一定的了解。再加之，邮轮旅游产品本身的复杂性和销售过程的持续性，与国际通行模式相似，旅行社与邮轮公司合作，成为国内邮轮航线产品销售的主要渠道。

与国外不同的是，由于网上购物在中国的迅速发展和普及，在线邮轮销售模式的发展速度非常惊人。包括携程旅行网、芒果网等在邮轮旅游产品销售方面都取得了很好的成绩。

但是由于缺乏系统的培训和法规制约，旅行社在线上和线下销售方面还存在很多不足，相关服务质量和水平远远落后于乘客需求，使得邮轮这种强调休闲、高品位的旅游产品体验大打折扣。

八、组建本土邮轮公司、邮轮租赁及建造等投资行为成为关注热点

2013年年初，海航旅业邮轮游艇管理有限公司在京成立，旗下邮轮“海娜号”揭开神秘面纱，标志着民族

品牌正式进军邮轮旅游市场。目前，我国包括上海、天津、厦门、海南在内的多个港口和地区都有通过租船、买船甚至造船方式组建本土邮轮公司船队的计划。受国际船舶制造业低迷的影响，欧洲邮轮制造商也正在积极寻求与中国客户的合作，开拓中国邮轮市场。

中外合作已经初见成效。2013年初，工银金融租赁有限公司与全球高端邮轮市场的领军企业银海邮轮公司宣布，双方合作进行五星级邮轮“银影”号的融资租赁业务。这次交易是中资金融机构首次进入国际高端邮轮市场。预计未来3年，邮轮旅游相关产业投资都将成为热点。

第八章 现阶段中国邮轮产业发展问题和建议

一、现阶段中国邮轮产业发展问题

中国邮轮新兴产业刚从起步发展阶段迈入快速发展阶段，还面临很多问题。在国际邮轮旅游竞争日益激烈、国内潜在消费快速增长的现状下，能否迅速解决政策环境、基础设施、市场主体、休闲理念、消费模式、服务能力等方面的问题，需要建立中央政府层面的统筹协调机制，需要建立务实、合作的邮轮码头集群，需要建立持续的规范、市场体系。

具体地说，现阶段中国邮轮产业发展主要面临三大制约因素。

从业人员的素质

根据中国交通运输协会邮轮游艇分会连续四年发布的《2008—2012年中国邮轮发展报告》显示，近年来中国邮轮旅游的发展逐步进入成长期，特别是"北上广"三大区域已初步形成具有一定规模的邮轮旅游市场需求。在以"北上广"为中心的区域范围内，邮轮旅游逐步升温，而且出现了一批将邮轮独家产品列为新型重点推广产品的旅行服务商。如上海有携程旅行网推出的邮轮子频道、多家邮轮专业旅行社以及专业在线邮轮服务商；深圳有港中旅旗下芒果网邮轮频道等；北京有凯撒、众信和佰程等一批旅行服务商的专业级邮轮部门；广州有皇家加勒比公司游轮营销中心；杭州有淘宝的邮轮产品专卖商铺等。这些专业级别的邮轮服务机构主要服务于以"北上广"为中心的以支付能力为基础、成规模的邮轮市场。

然而，市场反馈的信息显示，这些邮轮产品服务商的专业能力和水平参差不齐，邮轮销售从业人员普遍缺乏系统、正规的培训教育，邮轮销售人才严重匮乏，由此导致这些地区近年来关于邮轮旅游服务的投诉情况逐年增多。这些问题在某种意义上制约了中国邮轮行业的持续发展和市场规模的快速扩大。

闲暇时间的不足

西方国家旅游业之所以发达，除去支付能力因素外，与闲暇时间有很大关系。闲暇时间包括每日工作之余的闲暇时间、周末、法定节假日和带薪假期四类。真正促使旅游深入到大众化程度的闲暇时间是带薪假期。邮轮产品有典型的季节性和全球化特征，带薪假期制度与发展邮轮（出境）旅游有密切的关系。

然而，根据相关调查，中国带薪假期总时长排名全球后五名。我国公民"带薪假期"仍是纸面上的一种权利，难以真正落实。这方面的问题制约着中国邮轮旅游的发展。

旅游签证的现状

邮轮旅游具有明显的地域特征，这些地理区域主要集中在适合海洋旅游的全球特定邮轮目的地，如欧洲地中海沿岸、加勒比海岛、东南亚、毗邻中国的日韩南部沿海等旅游区域。邮轮旅游航程中往往会挂靠多个国家，以兼顾多个不同主题的岸上观光选择。对中国邮轮乘客来说，往往出境前往欧洲、北美邮轮母港搭乘邮轮，除了需要持有欧美旅游签证外，还得同时持有随邮轮一同前往的其他国家（这一可能性很大）的旅游签证。另外，办理旅游签证的花费、旅途的安排协调、耗时等因素也增加了邮轮旅游的难度。

然而，中国的旅游签证现状制约着邮轮旅游的发展。根据外交部的信息，截至2011年9月，中国已与74个国家或地区签订了互免签证协议。但这些免签国家多为亚非拉第三世界国家，以及俄罗斯和东欧国家，几乎没有西方发达国家。不仅如此，这些免签协议基本只是对外交护照、公务护照或者因公普通护照。上述74个国家中，只有少数国家将条件放宽至团体旅游。此外，还有一个国家对中国普通护照免签，即袖珍小国圣马力诺。由于没有飞往该国的航线，需要从意大利入境，中国旅行者仍需申请申根签证，因此这一免签协议形同虚设。

二、现阶段中国邮轮产业发展建议

中国交通运输协会邮轮游艇分会经过这几年的实践和广泛调研，建议如下：

成立全国邮轮经济发展领导小组

邮轮经济涉及发改、工信、交通运输、海事、公安边检、海关、国检、旅游等多个部门，是一项复杂的系统工程，需要各部门协调配合、综合推进。在我国现阶段条件下，成立全国邮轮经济发展领导小组，或者建立全国邮轮经济发展部际协调机制，把办公室设在国家旅游局或交通运输部，分工合作，形成互相协调和全面覆盖的产业总体体系，构建整个产业政策框架；并负责协调、处理东南亚、东北亚以及香港与内地、海峡两岸的邮轮事务。

制定《中国邮轮经济发展总体规划》

近几年来，北美、欧洲国际邮轮市场开始饱和，全球邮轮经济东移趋势明显，亚洲有的国家已经捷足先登，印度、东盟、韩国等纷纷制定了邮轮旅游的规划。

我国尚没有将邮轮业列入国民经济总体规划，没有专门针对邮轮业发展的系统化的制度规范，相关行业部门也尚未提出邮轮发展专项指导意见和专项规划。建议国家发改委牵头制定《中国邮轮经济发展总体规划》或《中国邮轮经济发展纲要》，从邮轮发展定位、邮轮发展目标、邮轮发展阶段、邮轮港口布局、国际邮轮旅游线路、国内邮轮目的地、邮轮采购、邮轮物流、邮轮人才、邮轮设计与制造、邮轮消费模式、邮轮发展政策等方面进行总体规划，提出2013－2030发展纲要，才能有效指导各地协调发展，才能在亚洲邮轮发展新格局中处于有利地位。如果条件未成熟，建议国家旅游局牵头编制《中国邮轮旅游发展规划（2013—2020）》。

出台《全国邮轮港口（码头）建设指导意见》

目前，我国各地邮轮港口规划、建设自由发展，缺乏全国通盘规划和区域协调，仅珠三角，广州、深圳、北海、香港都在规划和建设邮轮港口，几年后新一轮激烈竞争必将出现。建议交通运输部尽快出台《全国邮轮港口（码头）建设指导意见》，进一步明确邮轮港口布局和功能区分，避免一哄而上、资源浪费。鼓励改造建设客货共用码头或简便实用客运中心，配套完善、现代的出入境联检实施和充足的游客候船区，就能满足现阶段邮轮旅游市场的需要；不鼓励盲目建设邮轮母港和地标性建筑。

另外，我国邮轮码头目前还没有专门的建设规范作为指导，建议有关部门制定国内统一的邮轮码头设计规范，在资源节约型和环境友好型的原则指导下确定码头设计高度和宽度的统一技术参数以及联检厅的规模设计参数。

加快建立本土邮轮船队

目前，我国本土邮轮船队组建存在政策瓶颈和投资大、壁垒高的问题。如果购买国外二手邮轮并挂五星红旗，成本过高。主要体现在两个方面：购买邮轮进口关税、增值税就达到27%，挂五星红旗的船上所有员工工资都要加税，但是方便旗邮轮就可以避免，这样本土邮轮公司和境外邮轮公司不能平等竞争。目前，中国资本邮轮公司有的在香港注册公司，挂方便旗；有的在国内注册，挂方便旗，这不是现有政策框架下的中国邮轮公司。另外，本土邮轮还受到船上服务项目经营的限制，按照国际邮轮行业运营惯例，娱乐休闲型的博彩项目占国际邮轮上二次消费的1/3，如果挂五星红旗的邮轮禁止经营，将大大降低本土邮轮公司的经营收益。

为加入国际竞争，并尽量把需求消费留在国内，中国需要尽快培育、建立自己的邮轮公司和邮轮船队。建议国家发改委、交通运输部、公安部等部门适当放松、放宽船舶运输企业经营政策、船龄政策、船员管理政策、航行管理政策、税收政策、娱乐业政策，积极鼓励两岸三地资本联合组建邮轮公司或邮轮船队，购买或租用方便旗邮轮，常态化经营两岸邮轮旅游航线、南北邮轮旅游航线。

给邮轮产业发展试点区特殊政策

在地方政府的积极努力下，在CCYIA的积极促进下，国家旅游局已经批准在上海、天津一南一北两个母港城市设立“国家邮轮旅游发展实验区”，建议进一步给予5项政策：第一，外资准入和扩大开放政策。对注册在试点区的邮轮公司、全球或地区总部迁移至试点区的境外邮轮公司，给予相关政策鼓励和便利。第二，税收优惠和费用减免政策。对试点区邮轮产业链相关公司企业5年内免收营业税，同时给予业绩奖励等资金扶持。第三，金融和信贷支持。试点设立邮轮单船融资租赁公司，允许开设离岸账户，鼓励并帮助国内企业通过银行融资、邮轮产业基金或者邮轮信托产品等方式解决融资问题。第四，通关便利和边检简化政策。探索多种形式的便捷通关方式，争取48小时过境免签政策延伸。第五，购物退税和内陆联动。争取在区内设立免税店和离港退税点。

建立海峡邮轮旅游圈

中国台湾是亚洲航线中的重要一站，对于邮轮航线规划、丰富游客选择有重要意义。但目前政策规定不能经停第三地到中国台湾，也不能经停中国台湾到第三地，影响了外国邮轮公司派驻更多邮轮到中国运营的热情。另外，大陆游客赴台旅游的手续办理复杂，在一定程度上影响了赴台邮轮旅游产品的销售。因此，建议交通运输部、公安部、国家旅游局、国台办共同研究，以厦门为龙头设立“海峡邮轮旅游圈”，规划海西各市（包括福建省全境以及浙江省温州市、衢州市、丽水市，广东省汕头市、梅州市、潮州市、揭阳市，江西省上饶市、鹰潭市、抚州市、赣州市）、上海、舟山、台湾四港（基隆港、高雄港、台中港、花莲港）、香港、日本那霸的多航程邮轮旅游线路，在两岸邮轮发展政策方面先行试点、有所突破。如对乘坐邮轮赴台湾过境72小时的大陆游客实行免办赴台证、持护照出入境的政策；对两头在外、中间直航的国际邮轮，由一航次一审批改为多航次一审批当年有效的阶段性审批；对邮轮的演艺人员颁发阶段性临时海员证等。

减免邮轮吨税

根据调查，目前在我国邮轮港口综合费收中，国家收取的费用占约2/3，地方邮轮码头收取的费用只占到1/3。中国邮轮码头运营商本身的收费很低，仍然在亏本经营；而在国际邮轮公司看来，中国港口的综合收费太高，远超新加坡、日本等亚洲国家。如船舶吨税，国外有的客轮不收吨税，或仅按货轮的标准的一部分收取较低的吨税。建议海关总署、交通运输部、财政部、国家税务总局等共同研究，减少国际邮轮的综合费收项目，减免邮轮吨税，以优惠政策鼓励国际邮轮公司开辟更多中国母港航班；以优惠政策吸引更多国际邮轮挂靠中国港口，促进国际邮轮入境游。

建立邮轮人才综合教育体系

发展邮轮新兴产业，人才是根本。我国邮轮业刚起步，各类邮轮专业人才极为缺乏，目前邮轮专业教育大部分集中于高职、高专类院校以及民办职业学校，主要是培育国际邮轮服务人员，培养内容主要为基本的服务接待流程和操作技能等。而从邮轮经济的可持续发展来看，更需要的是具备深厚理论基础的高素质、高层次的服务人员、经营人员与管理人员。建议教育部牵头借鉴邮轮业发达国家经验，通过引进管理人才和建立邮轮行业的教育培训体制机制，逐步发展邮轮接待、邮轮经营管理、邮轮旅游服务、邮轮营销策划、邮轮设计建造和邮轮检验等专项人才教育，形成邮轮专业人才综合体系。近几年的重点是开展国际邮轮销售人员的系统培训。

实施邮轮旅游推广计划

邮轮旅游作为中高端的典型的"海上休闲旅游产品"，让习惯了"目的地旅游"概念的国内消费者所接受还需要一个过程。建议国家旅游局制定、实施《中国邮轮旅游休闲推广宣传五年计划》，以北京、上海、广州为核心，以各省会城市、沿海开放城市为重点，多方式、多渠道培养邮轮度假理念，引导出境游客增加邮轮旅游消费。

设立邮轮旅游营销基金

近几年沿海城市发展邮轮经济热情高涨，但普遍"重建设、轻推广""重硬件、轻软件"，十分欠缺邮轮旅游目的地的国际推广、营销工作。建议国家旅游局联合各地政府设立邮轮旅游营销基金，牵头定期组织国内沿海城市政府、旅游部门、港口部门积极进行国际营销，推介中国丰富的旅游资源和先进的港口设施，大力促进邮轮入境游。

试点实施国际邮轮旅客72小时入境免签政策

2006—2011年，我国出入境邮轮旅客以年均20%的速度增长。受欧美经济发展形势下滑的影响，近三年我国入境邮轮旅客数量仅小幅增长，预计未来增速将继续放缓。为了吸引更多国际邮轮旅客来华，建议在天津、上海、三亚、厦门、舟山、广州、青岛等主要邮轮港口城市逐步试点，实施针对指定国籍邮轮旅客的72小时入境免签政策。

逐步建立与国际惯例接轨的邮轮供应体系

目前，中国邮轮船供业所取得的全球市场份额仅为10%左右。我国邮轮船供市场开放不足，与国际惯例不接轨，交易成本高、中间费用多，再加上国际邮轮的船供物资绝大多数无法享受到出口退税优惠，在竞争中缺乏价格优势，从而造成我国邮轮船供服务业发展缓慢。中国船供企业为远洋邮轮提供的物资价格比国外高28%～33%。一瓶茅台酒出口到迈阿密卖给邮轮公司再运回中国的成本，反而低于邮轮公司直接从中国购买。另外，影响我国邮轮船供业发展的还有食品安全问题和市场准入问题。

建议：（一）将邮轮船供视作贸易行为，享受17%的出口退税，提高中国产品竞争力；（二）落实国务院《关于完善国际航行船舶港口供应市场管理工作的通知》，真正开放国际航行船舶港口供应市场；（三）政府相关部门要进一步研究制定促进船舶港口服务业健康发展的政策和措施。

附录一　2012年中国邮轮大事记

1月

■ 1月9日，经中国交通运输协会邮轮游艇分会（CCYIA）安排，美国皇家加勒比游轮有限公司董事会主席兼首席执行官理查德·费恩一行分别拜会了国家旅游局党组成员兼规划发展与财务司司长吴文学、交通运输部副部长高宏峰、天津市副市长任学锋。

1月10日，高宏峰会见美国客人，就共同关心的话题交换意见

1月11日，吴文学代表国家旅游局局长会见美国邮轮公司高管

1月11日，天津市副市长任学锋会见皇家加勒比游轮有限公司高管

■ 1月10日，CCYIA执行机构——北京中交四海邮轮游艇发展中心，经全国旅游规划设计资质等级认定委员会认定，获得旅游规划设计国家乙级资质，成为全国邮轮游艇领域唯一一家规划设计乙级单位(甲级空白)。

■ 1月14日，国家旅游局发出《关于批准开通三亚至越南海上邮轮边境旅游线路的复函》，同意开通三亚至越南海上邮轮边境旅游线路，只需办理出入境通行证，就可以乘坐邮轮到越南旅游。

2月

■ 2月1日，日本籍豪华邮轮“飞鸟二号”（ASUKAII）首次靠泊厦门东渡国际邮轮中心。

■ 2月9日，载有500余名游客的“海洋之梦号”邮轮驶离海口秀英港前往越南下龙湾，标志着海口至越南下龙湾邮轮旅游航线正式复航。

■ 2月21—23日，国家旅游局规划财务司胡书仁副司长率调研组考察上海吴淞口国际邮轮码头、上海国际客运中心码头、厦门海峡邮轮中心，并与中国交通运输协会邮轮游艇分会（CCYIA）联合举行了3次座谈会，探讨了中国邮轮旅游新兴产业在邮轮建造、航线规划、产品营销、人才培训、物资配送、产业规划、支持政策等方面面临的机遇和挑战。

2月24日，国家旅游局规划财务司领导考察上海邮轮产业

2月24日，国家旅游局规划财务司领导考察上海邮轮产业

2月24日，国家旅游局调研组赴厦门调研

2月24日，上海邮轮旅游经济座谈会召开

3月

■ 3月8日，由环美航务、皇家加勒比游轮有限公司和冠新有限公司合资组成的获批香港启德新邮轮码头的营运和管理租约。

■ 3月12—15日（美国时间），2012年世界邮轮大会在美国迈阿密的海滩展览中心举行。中华人民共和国国家旅游局和CCYIA联合天津、上海、海南、厦门、舟山等地近百位代表组团参会。12日，中国主题论坛和新闻发布会在展览中心举行，显示了中国邮轮产业惊人的发展速度和在世界邮轮经济中地位的快速提升。14日，国家旅游局党组成员兼规划发展与财务司司长吴文学在大会发表主题演讲，首次阐述中国政府对邮轮新兴产业的发展思路。

3月12日，中国代表团参加2012年世界邮轮大会

■ 3月22日，交通运输部发布公告规范国际海上旅客运输，并就加强国际海上旅客运输市场准入管理作出详细规定。公告指出，国际船舶运输经营者经营进出中国港口的国际海上旅客运输业务，应取得交通运输主管部门许可；开展国际旅客班轮运输经营，应依据《国际海运条例》规定，取得国际班轮运输经营资格；外籍船舶在华开展多点挂靠业务，应获得交通运输部特批。同时明确，不予核准船龄超30年及悬挂港口国监管东京备忘录“黑名单”中国家国旗的客船进出中国港口；注册在中国境内的国际船舶运输经营者，应取得海事部门签发证明，其运营船舶应取得安全管理证书及与航区相适应的检验证书和船级证书；以租用船舶开展经营的(光租除外)，经营者应至少拥有一艘国际航行船舶。

4月

■ 4月9日，台湾“交通部”表示，为促进观光，两岸已有共识，邮轮航行两岸，可一次申请多航次。

■ 4月18日，由中国交通运输协会邮轮游艇分会（CCYIA）、上海虹口区人民政府和上海国际航运研究中心共同编著，上海浦江教育出版社出版的《2011—2012中国邮轮发展报告》正式出版，并被列为上海市重点图书对外发售。这是中国第四次发布邮轮发展报告。

■ 4月18日，由上海海事大学、英国海贸（国际）传媒集团和上海国际港务（集团）股份有限公司三方共同创办的“上海海事大学亚洲邮轮学院”在上海虹口区成立。

■ 4月26日，重庆市游轮旅游业中首个获得全国旅游标准化试点的企业——重庆长江黄金游轮公司在渝启动标准化试点工作，计划用两年时间探索和制定一套标准化的运作方案。

5月

■ 5月，为庆祝2012年中韩建交20周年，韩国釜山市在上海与皇家加勒比游轮公司、意大利歌诗达邮轮公司签署合作协议，推进上海等城市进入釜山的邮轮观光线路。

■ 5月17日，“海上意大利，维美启航”——歌诗达邮轮在中国的第四艘邮轮“维多利亚号”首航庆典活动在上海举行，2012上海宝山吴淞口邮轮嘉年华也拉开帷幕。

“维多利亚号”首航

■ 5月21日，经中国交通运输协会邮轮游艇分会（CCYIA）安排，国家旅游局副局长祝善忠率团访问了位于美国迈阿密的国际邮轮协会（CLIA），就世界邮轮旅游发展趋势、美国邮轮旅游产品及服务人员培训、中国邮轮旅游发展现状等话题交换意见。

■ 5月25日，皇家加勒比国际游轮公司在京举行2013中国战略新闻发布会，宣布继2012年6月“海洋航行者号”进入中国后，2013年6月将其姐妹船、载客量3 800人的“海洋水手号”引入中国，并开启母港始发航线，进一步加大在中国市场的投入。

皇家加勒比中国战略新闻发布会

6月

■ 6月，中国交通运输科技成果评价办公室（CTAIC）在北京正式成立，评审鉴定通过的项目及其评价结论档案将按规定存入国家科学技术成果数据库，作为国家科学技术奖的评奖依据；项目及其评价结论档案按规定存入国家科技成果转化项目库，作为获得国家财政设立的《科技成果转化引导基金》和《科技型中小企业创业投资引导基金》的资金支持依据。中国交通运输协会邮轮游艇分会（CCYIA）将负责邮轮、游艇相关科技成果评价业务。

■ 6月6日，“第七届中国邮轮产业发展大会暨国际邮轮博览会（CCS7）招待晚宴”于上海举办。组委会主席、CCYIA名誉主席钱永昌先生和组委会秘书长、CCYIA常务副会长郑炜航先生、副秘书长程爵浩先生出席晚宴，各大邮轮公司及国内知名旅行社代表应邀出席。

■ 6月9日，挪威船级社全球邮轮中心总经理 Trond Arne Schistad先生和海事业务发展总监樊仲祎先生拜访CCYIA常务副会长郑炜航先生。双方围绕各自机构的职能以及工作成果做了介绍，并表示两家机构都致力于促进邮轮产业的发展，今后有很大合作空间。

■ 6月21日，天津市召开邮轮游艇产业发展推动会，天津市副市长任学锋表示，2012年天津市邮轮产业发展态势良好，第六届中国邮轮产业发展大会（CCS6）取得圆满成功，对发展天津的邮轮产业起到巨大的推动作用。

■ 6月26日，由上海宝山区人民政府、上海工程技术大学、CCYIA联合组建的上海国际邮轮学院揭牌成立。该学院将为国际邮轮公司营运管理、邮轮产品管理、邮轮实务管理、邮轮码头管理等产业所涉及的各个领域，培养具有国际视野和实践能力的高级管理人才。

■ 6月30日，国家主席胡锦涛冒雨前往启德新发展区视察邮轮码头，与码头建设者亲切握手。新邮轮码头建于前启德机场跑道，预计2个泊位先后于2013年中期和2014年落成，将终结香港无法停泊世界巨型邮轮的尴尬历史。随着邮轮旅游日渐成为时尚、大众化的旅游方式，香港特区政府正计划利用新邮轮码头大力推广本地旅游，并联合亚洲邻近港口于2013年推出全新邮轮航线。

胡锦涛视察启德邮轮码头建设

7月

■ 7月，韩国旅游发展局在上海召开邮轮说明会，宣布对乘坐豪华邮轮访韩的中国游客可免签入境三天。

■ 7月15日，广东省发布《广东省滨海旅游发展规划》。根据该规划，广州将新建南沙邮轮母港，建设规划可靠泊国际豪华邮轮的码头与泊位，并发展与邮轮码头配套的大型购物中心和高端旅游休闲设施。

■ 7月18日，第七届中国邮轮产业发展大会暨国际邮轮博览会（CCS7）的新闻发布会在天津市政府新闻发布厅举行。

8月

■ 8月1日，香港 — 大陆邮轮合作座谈会在香港旅游事务署会议室内举行，香港与大陆方面多位领导和业界人士参加会议。会上，中国交通运输协会邮轮游艇分会常务副会长郑炜航提出希望大陆与香港能在邮轮港口、客源共享、邮轮航线以及邮轮产业相关机构四方面实现合作，为大陆和香港携手发展邮轮产业创造更光明的前景。

■ 8月8日，海峡两岸旅游交流协会（海旅会）与台湾海峡两岸观光旅游协会（台旅会）协商并达成共识，允许大陆旅行团乘坐邮轮从香港到台湾，可继续乘坐该邮轮前往日本或韩国，然后返回大陆。

9月

■ 9月8—10日，由国家旅游局、天津市人民政府及中国交通运输协会共同主办，中国交通运输协会邮轮游艇分会（CCYIA）和天津有关部门共同承办的第七届中国邮轮产业发展大会（CCS7）暨国际邮轮博览会在天津邮轮母港召开。大会以“培育邮轮市场，发展邮轮产业”为主题，来自世界各地的300多位邮轮界专业人士出席了行业年度盛会。

CCS7开幕

■ 9月8日，CCYIA副会长郑炜航在天津举办CCS7期间接受媒体采访时，建议设立“海峡邮轮旅游圈”，并呼吁两岸在邮轮发展政策方面先行试点、有所突破。

■ 9月9日，在CCS7——“外代之夜”招待晚宴暨中国邮轮发展专业奖颁奖典礼上，上海宝山获最佳邮轮城市发展奖，天津获最佳邮轮港口设施奖，上海虹口获最佳邮轮经济推动奖，三亚获最佳邮轮口岸服务奖，香港获最佳邮轮旅游目的地奖，舟山获最佳邮轮发展潜力奖。

■ 9月9日，第七届中国邮轮产业发展大会开幕当天，由天津旅游集团独家包船包航的亚洲最大邮轮“海洋航行者号”在天津国际邮轮母港首次启航。

■ 9月10日，《三亚市邮轮旅游发展专项规划(2012—2022)》通过专家组评审。

■ 9月8—10日国际邮轮博览会与CCS7同期举行，组委会安排占全球邮轮市场份额80%的皇家加勒比游轮公司、嘉年华旗下歌诗达邮轮公司和云顶丽星邮轮公司分别举行邮轮用品采购说明会，与供应商进行一对一面对面商洽。据展后统计，与邮轮公司初步达成合作意向的展商为26家，洽谈成果显著。

邮轮博览会期间采购洽谈会

■ 9月15日，2012上海旅游节开幕式在宝山吴淞口国际邮轮港举行，国家旅游局局长邵琪伟，中共中央政治局委员、上海市委书记俞正声，上海市委副书记、市长韩正共同启动2012上海旅游节开幕装置，韩正和邵琪伟为“中国邮轮旅游发展实验区”揭牌。这是中国首个邮轮发展试验区。

中国邮轮旅游发展实验区揭牌

■ 9月25日，厦门港口局、厦门港务集团委托CCYIA的《厦门—台湾邮轮发展政策研究》课题启动，将重点研究东南航运中心背景下厦门发展对台邮轮经济的政策框架，为国家有关部门提出可操作性建议报告。

■ 9月25日，厦门国际邮轮中心继2012年7月由世界卫生组织和中国国家质检总局联合授予“国际卫生港口”后，又成为首批世界卫生组织口岸核心能力达标口岸。

■ 9月，受日本政府非法“购买”钓鱼岛事件影响，上海出发的“维多利亚号”“海洋神话号”等多艘邮轮改变国庆期间的航线，不再前往日本停靠，将旅游目的地改为韩国港口。

10月

■ 10月19日，由国际邮轮采购联盟和天津市商务委共同组织的皇家加勒比游轮采购对接会在天津召开，近80家国内名优厂商代表参加。

皇家加勒比游轮天津采购对接会

■ 10月23日，由国家质检总局主办、上海检验检疫局承办的首届国际邮轮卫生检疫研讨会在上海召开。各相关部门领导与邮轮卫生领域的知名专家学者，共同探讨了新时期下中国邮轮卫生检疫工作的发展。

11月

■ 11月2日，丽星邮轮旗下“宝瓶星号”回归三亚，开启以三亚为母港的新航季。在新航季里，“宝瓶星号”计划执行140个航次。

■ 11月8日，由中国交通运输协会邮轮游艇分会（CCYIA）、天津海运职业学院发起、全国27家开展邮轮人才专业教育的大专院校参与的中国高等院校邮轮人才培养联盟在天津成立。

中国高等院校邮轮人才培养联盟成立

■ 11月21日，交通运输部水运局法规处邀请CCYIA举行座谈会，听取了协会常务副会长郑炜航对全球邮轮、游艇产业概况和我国发展现状的介绍。今后，交通运输部水运局法规处将明确承担邮轮游艇管理职能，负责制定发展政策和公司设立、航线开辟等各项审批事宜。

水运局

■ 11月，皇家加勒比游轮公司（RCL）在第三季度财报会议上公布，2013年将在亚太地区增加46%的运力，使其占到总运力的10%。

12月

■ 12月1日，国务院印发《服务业发展“十二五”规划》。该规划要求加强客运码头、游艇码头及停泊区的规划建设和管理，发展海峡、岛屿间客滚运输和海上旅游、游艇经济。在有条件的港口发展集娱乐、休闲、餐饮、购物于一体的邮轮经济。

■ 12月18日，中国交通运输协会邮轮游艇分会（CCYIA）与四海纵横文化传播（北京）有限公司在京签订了会展项目委托承办协议。在业内颇具影响、成功举办七届的“中国邮轮产业发展大会”，今后将委托四海纵横文化传播（北京）有限公司承办。

■ 12月28日，《厦门—台湾邮轮发展政策研究》成果评审会在北京召开。来自交通运输部、海关总署、国家质检总局、中国口岸协会、海峡两岸航运交流协会等单位的评审团专家一致同意课题研究成果通过评审。

■ 12月，国家旅游局宣布2013年为“2013中国海洋旅游年”，提出“海洋旅游，引领未来”“海洋旅游，精彩无限”等口号。同时，公主邮轮、地中海邮轮也将首次开辟中国母港航线。2013年1月1日，以“美丽中国，海洋之旅”为主题的2013中国海洋旅游年启动仪式在三亚举行。国家旅游局局长邵琪伟，海南省常务副省长谭力，国家海洋局总工程师、海监总队党委书记、副总队长孙书贤共同转动舵盘，启动中国海洋旅游年。

2013年中国海洋旅游年启动仪式

附录二　第七届中国邮轮产业大会发言摘要

钱永昌在第七届中国邮轮产业发展大会开幕式的致辞

中国交通运输协会会长、中国交通运输协会邮轮游艇分会名誉主席　钱永昌

女士们、先生们、朋友们：

大家上午好！

今天我们再次聚集在中国美丽的海滨旅游城市、邮轮母港城市——天津，举行第七届中国邮轮产业发展大会暨国际邮轮博览会，我代表大会主办单位——中国交通运输协会对各位嘉宾表示热烈欢迎。

感谢国家旅游局、天津市人民政府和中国交通运输协会共同主办中国邮轮行业的年度盛会。

2012年6月30日，中国国家主席胡锦涛冒雨前往香港启德新发展区视察邮轮码头，并与邮轮码头建设者亲切握手。这是3年内胡锦涛主席第二次视察中国邮轮码头，充分体现了国家领导人对邮轮新兴产业的关注和支持。

近年来中国中央各部委和各港口城市对发展邮轮经济认识进一步明确，鼓励政策、措施正陆续出台。

中国市场，由于经济的迅速发展，特别是高端旅游消费群体的日渐壮大，邮轮旅游正在成为国民休闲度假的新选择，基数虽小但增速迅猛，使中国成为世界各大邮轮公司高度关注和大力开发的新兴战略市场。短短几年时间，中国邮轮经济已走过“国际邮轮到港服务为主”的起步发展阶段，步入“国际邮轮到港服务与中国公民出境服务并举”快速发展阶段。

目前，中国邮轮市场已初步形成以三大沿海经济发达地区为客源输出地的邮轮圈。邮轮经济是规模经济，对客源的要求高于一般的大众旅游市场，我国沿海三大经济发达地区的东部长江三角洲、南部珠江三角洲和北部环渤海湾地区具有相当规模的高收入群体和较为成熟的旅游消费市场，是邮轮客源市场主要输出地，是孕育中国邮轮出境旅游市场的摇篮。

中国作为亚洲最大的文明古国，可以预测，国际邮轮入境旅游将在未来相当长时期持续快速发展。

中国有其他国家难以比拟的巨大的客源市场，发展邮轮出境游市场潜力更加巨大。

中国交通运输协会邮轮游艇分会（CCYIA）成立将近6年来，致力于促进中央部委出台邮轮发展政策、措施、标准；致力于促进地方政府规划、建设邮轮基础设施和区域政策；致力于培育国内邮轮旅游度假休闲市场；致力于推广中国旅游目的地，扩大国际邮轮入境游。取得了有目共睹的效果，得到邮轮业界的良好评价。

中国邮轮产业的发展，需要依靠政府、企业、社团的共同努力。我们中国交通运输协会及邮轮游艇分会作为中国邮轮产业最重要的国家级的社团组织，愿与各部委、各地政府、港航部门、旅游部门和各大国际邮轮公司携手共进，继续开拓中国邮轮产业新的“海域”，促进中国邮轮产业进一步的发展。

再次感谢东道主——天津市人民政府对大会的大力支持和精心安排。感谢皇家加勒比、歌诗达、云顶等国际邮轮公司对大会的支持！

谢谢大家！

杜江在第七届中国邮轮产业发展大会开幕式的致辞

中华人民共和国国家旅游局副局长　杜　江

尊敬的钱永昌会长、任学锋副市长，尊敬的各位来宾，女士们、先生们：

大家上午好！

很高兴参加第七届中国邮轮产业发展大会。首先，我代表中国国家旅游局，对大会的召开表示热烈的祝贺，对与会中外嘉宾的到来表示诚挚的欢迎。

众所周知，邮轮旅游已有百余年的历史，并已成为北美和欧洲等发达国家一种重要的度假方式。特别是自20世纪60年代以来，国际邮轮旅游进入快速增长期，80年代后年均增长率更是达到8.6%，远高于同期国际旅游4%的增长速度。2010年国际邮轮旅游接待游客人数达1 840万人次，占全球入境过夜游客的1.88%。据有关机构预测，未来5～10年，全球邮轮市场将持续快速增长，2015年全球邮轮乘客将达到2 500万人次。邮轮旅游因其高带动性、高成长性、高利润率和高满意度的特征，备受各国政府重视。

中国邮轮旅游起步较晚，但发展迅速，潜力巨大。1976年，大连市接待日本“珊瑚公主”号邮轮标志着中国邮轮旅游接待开始起步。2006年，中国开展了以沿海港口为母港运营的国际邮轮业务。中国邮轮经济已从国际邮轮到港服务为主的起步发展阶段，步入国际邮轮到港服务与中国公民搭乘邮轮出境旅游并举的发展阶段。2011年，中国共接待国际邮轮262艘次，同比增长16.6%；其中以中国公民搭乘邮轮出境旅游为主的母港艘次142个，同比增长49.5%；邮轮出入境游客接待量为50.4万人次，国际游客和中国游客各占约一半。随着邮轮旅游日益受到中国高端旅游者的喜爱，中国沿海城市也越来越重视邮轮旅游发展。目前，已有上海、厦门、天津、三亚、青岛、舟山等10多个沿海城市建成或者正在规划建设国际邮轮码头。尽管中国邮轮旅游发展很快，但与中国庞大的出境旅游市场相比，不仅总体规模仍然偏小，而且所占市场份额也不大。因此，我们有理由相信，随着中国出境旅游市场的不断壮大，特别是中国游客旅游消费的转型升级，邮轮旅游在中国具有巨大的发展潜力和美好的发展前景。

近年来，中国政府高度重视促进和规范邮轮旅游及相关产业的发展。 2008年，《关于促进我国邮轮经济发展的指导意见》经国务院同意，正式发布。此后，中国国家发展改革委员会、交通运输部、海关总署、公安部、国家质检总局、教育部、国家旅游局等多个部门先后发布了10余个文件，就外籍邮轮在华开展多点挂靠业务、邮轮旅客出入境边检管理等作出一系列规定，并将邮轮游艇制造业列入国家鼓励类产业目录。最近，为落实CEPA补充协议，加大力度支持以香港为母港的邮轮旅游发展，经国务院同意，国家旅游局出台了允许内地旅行团乘坐邮轮从香港到台湾后，继续乘坐该邮轮前往日本或韩国旅游，再返回内地的相关政策，该政策将从2013年1月1日正式试点实施。

作为中国旅游业的主管部门，中国国家旅游局将积极推动并合理统筹各类邮轮旅游业务的发展，切实加强国际邮轮到港服务体系的建设，不断提高国际邮轮入境服务便利化程度，大力推进港澳台和大陆地区的邮轮旅游合作，有序拓展中国公民搭乘国际邮轮出境旅游市场，积极融入国际邮轮产业体系，促进中国邮轮旅游业健康持续发展。为此，我们将采取以下三个方面的措施：

一是制定《邮轮旅游发展规划纲要》，全面加强对邮轮旅游发展的统筹指导。随着国际邮轮产业向亚太市场转移趋势的加快，特别是中国邮轮产业发展内生动力的持续走强，我们将按照“引进供给、保障内需、学习借鉴、壮大自己”的总体思路，编制《邮轮旅游发展规划纲要》，对邮轮旅游发展定位、发展目标、线路设计、邮轮目的地建设等进行总体规划，并根据邮轮旅游市场发展规律和地理区位、港口条件、造船业及相关服务业发展水平等条件，合理安排邮轮码头建设，为邮轮旅游的健康发展奠定坚实的基础。

二是构建政策体系和工作机制，积极推动邮轮旅游发展。我们将研究制定有利于推动邮轮旅游发展的相关政策措施，鼓励有条件的地方，进行政策试验和试点。与此同时，我们将与有关部门合作，构建和完善相互协调和全面覆盖的工作机制，为邮轮旅游创造良好的发展环境。

三是加快人才培养，大力培育邮轮旅游的消费市场。我们将采取“走出去”与“请进来”相结合的办法，深化与国际同行的交流与合作，着力抓好邮轮旅游专业人才的培养，全面提高中国邮轮设计、制造、服务、营销等方面的水平。同时，加大对邮轮旅游的宣传力度，积极培育发展邮轮旅游消费市场，共促国际邮轮旅游的繁荣与发展。

各位来宾，中国邮轮旅游正处在大发展的初级阶段，中国国家旅游局愿意与有关部门和国内外业界同仁共同努力，为促进邮轮旅游健康持续发展作出贡献。

谢谢大家！

宋德星在第七届中国邮轮产业发展大会开幕式的致辞

中华人民共和国交通运输部水运局局长　宋德星

女士们、先生们，朋友们：

大家上午好！

今天我很高兴来到天津，参加“2012年第七届中国邮轮产业发展大会”。

2011年是我国邮轮产业大发展的重要一年，我国邮轮业取得了不俗的成绩，主要表现在五个方面：

一是邮轮市场规模进一步扩大，我国邮轮产业在整个航运市场不景气的环境中逆势而为，发展如火如荼。据统计，2011年我国内地全年共接待国际邮轮262艘次，同比增长17.5%，邮轮出入境游客约50万人次。特别值得注意的是，2012年从国内港口出发、搭载国内游客的邮轮出境游母港航次为142艘次，首次超过访问港航次。

二是邮轮母港建设卓有成效，邮轮母港基础设施建设趋于成熟，接待大型邮轮开展母港业务的基础条件日臻完善；新的邮轮港建设也在不断兴起，如大连、青岛等地纷纷开始邮轮码头的建设或规划。

三是外国邮轮公司在华设立分支机构在政策逐步放宽下取得突破。歌诗达邮轮船务（上海）有限公司于去年在上海成立，成为我国大陆第一家外资邮轮船务公司。

四是邮轮市场发展形式多元化，具体表现为“母港航线短途化趋势延续、邮轮包船市场进一步加强、主题邮轮形式更为灵活、长线邮轮市场渐成规模”等，在一定程度上提升我国邮轮市场服务的层次。

五是邮轮行业人才培养有所进展。去年在政府推动下联合成立的“上海国际邮轮旅游人才培训基地”，为上海乃至全国的邮轮产业打造了一个开放式人才培养的公共服务平台，有效地促进了邮轮产业教育培训、人才培养与产业发展的紧密结合。

从国外发展经验看，邮轮产业是国际港口大都市和国际旅游城市的重要组成部分。而我国天津、上海等沿海城市都拥有丰富的航运资源和深厚的旅游文化底蕴，以此作为我国邮轮产业发展的重要抓手，将有效促进我国邮轮产业发展的国际化步伐。

交通运输部高度重视邮轮运输及邮轮产业在中国的发展，借此机会，我讲六点意见：

一、推进水上客运转型升级

“十二五”期间，我们将大力发展现代水路客运，速度宜高则高、宜慢则慢，水上交通客运与休闲旅游结合。大力发展海峡、岛屿间以及长江等内河的高速客轮、客滚运输和水上旅游客运。推进大连、天津、青岛、上海、厦门、深圳、三亚、北海等港口邮轮运输。培育支持海、陆、空无缝旅游客运，促进客运综合运输体系建设。

二、进一步推进邮轮港口建设

“十二五”期间，交通运输部进一步加强邮轮码头建设的管理，统一规划布局邮轮码头，制定邮轮码头安全性、适用性、美观性以及节能环保的强制性和指导性建设标准，有序发展邮轮运输，不断推进沿海邮轮母港建设。交通运输部也一如既往地支持天津等邮轮港口的建设和发展。

三、积极发展自主邮轮产业

交通运输部一直致力于积极培育中国邮轮游艇运输市场，发展邮轮、游艇运输服务业，培育和发展本土邮轮公司和船队，充分利用现有资源优势，打造船舶代理、船舶修理、燃油供给、船舶供应、船员配备、配件交易等专业服务市场，加大邮轮产业链上下游业务的优化和集聚，推动我国邮轮经济进一步发展，更好服务于国民经济和社会发展全局的需要。

四、高起点发展现代水路客运

针对我国水上旅客运输市场的特点及发展情况，交通运输部近期发布了公告，进一步严格水上旅客运输市场准入管理，严格限制老龄客船进入客运市场，提高安全运营水平，确保人民群众水上出行安全；禁止从境外进口船龄在一年以上的游艇，以提高我国游艇整体技术水平，高起点发展现代水路客运。

五、提高对外开放质量

支持有信誉、成规模的境外邮轮公司在国内设立独资船务公司开展经营，深化和扩大多点挂靠等政策，加大邮轮母港软环境建设力度，吸引境外邮轮公司挂靠我国港口经营邮轮业务。

六、建设安全绿色现代化水路客运

为规范航运市场秩序，进一步促进我国国际海运业平稳有序发展，交通运输部于2012年8月发布了《关于促进我国国际海运业平稳有序发展的通知》，其中明确规定，各级交通运输部门要加强对国际海上客运，特别是邮轮的重点排查。督促国际海上客运企业严格落实安全主体责任，建立完善的安全告知等相关制度，保障船舶适航、船员适任、航行安全。

面对已有辉煌成绩和广阔发展前景，我们要再接再厉，政府和业界要共同努力、密切合作，发展好、利用好、管理好邮轮产业。我相信，在大家的共同努力下，中国邮轮产业一定会取得新的更大发展！

谢谢大家！

曹志恒在第七届中国邮轮产业发展大会开幕式的致辞

工业和信息化部军民结合推进司副司长　曹志恒

尊敬的各位领导、各位来宾、朋友们：

大家上午好！

很荣幸来到美丽的滨海城市——古城天津，参加第七届中国邮轮产业发展大会暨国际邮轮博览会，了解邮轮产业发展动态，与各界朋友交流，向大家学习。在此，我谨代表工业和信息化部军民结合推进司，向本次大会的召开表示热烈的祝贺！

举办这次大会，既是贯彻落实《关于促进我国邮轮经济发展的指导意见》的具体行动，也是培育邮轮旅游经济，推动邮轮产业发展，促进区域协调发展的重要探索。

天津是我国环渤海地区的经济中心和重要的国际港口城市，“洋务运动”时，便成为北方地区开放的前沿和工业重镇。天津区位、交通、市场、基础设施等优势得天独厚，产业特色明显，市场潜力巨大，文化底蕴深厚，在国家经济社会发展大局中具有重要地位。2010年6月，天津国际邮轮母港投入使用以来，吸附力逐渐显现，为邮轮产业发展提供了重要支撑。今天，大家齐聚天津，共谋邮轮产业发展大计，恰逢其地、恰逢其时。借此机会，与大家交流一些粗浅的体会。

首先，发展邮轮产业具有十分重要的意义。一是带动经济发展。纵观欧美国家邮轮产业的发展历程，我们不难发现，邮轮产业链较长，不仅直接带动船舶制造业的发展，而且将大大促进旅游业、服务业发展，提供大量就业机会，创造新的经济增长点。二是提高人民生活水平和质量。当前，我国正处在全面建设小康社会的重要时期，人民群众对物质文化的需求不断提高。由“交通型”转向“旅游休闲型”后，邮轮就成了“海上移动的度假村”。登上邮轮，无需舟车劳顿，便能驰骋万里，欣赏各地美景。这种新的旅游业态，必将满足人们对休闲旅游、原生态旅游的需求。三是符合船舶工业发展的方向。大型豪华邮轮和大型液化天然气船（LNG船）被誉为造船业皇冠上的两颗明珠。豪华邮轮包括卫星导航系统、环保系统、海水淡化系统等高新产品，是高技术的结合体。发展邮轮产业，进军豪华邮轮市场，符合造船业重点产品的发展方向，对我国由“造船大国”向“造船强国”转变起到积极作用。

其次，我国邮轮产业的发展面临难得的机遇。一是政策支持。2011年12月，工业和信息化部印发了《船舶工业“十二五”发展规划》，明确提出要发展豪华游船等高技术、高附加值船舶，培育豪华游艇、旅游观光艇、公务艇等品牌产品，加快建立集设计、生产、销售和服务为一体的游船制造产业链。政策的支持，为邮轮产业发展提供了良好的生态环境。二是产业发展基础雄厚。“十一五”时期，我国在主流船型、高技术船舶等领域科技创新取得重大突破，主要船用设备本土化配套能力和水平快速提升，投资主体进一步多元化。2010年我国造船完工量达6 560万载重吨，跃居世界第一，成为世界最主要的造船大国。船舶工业的快速发展，为我国进军豪华邮轮生产制造领域奠定了技术基础。

第三，邮轮产业的发展需要各界的共同努力。一是政府要加强引导。工业和信息化部将和交通运输部、公安部、国家旅游局、国家质检总局等部门一道，落实国家有关政策、规划，推动船舶工业持续健康发展。军民结合推进司将继续推进军民资源和技术互动共享，提高资源利用效率，推动和引导一批成熟度高、市场适应性强的军用船舶领域关键技术向民用领域转化，助力邮轮产业发展。二是企业要勇于创新。邮轮产业发展，企业是主体。各类企业要加强纵横联合，大胆走出去，向豪华邮轮的制造、经营企业学习，逐步建立并完善国内邮轮产业链，挖掘市场需求，培育国内邮轮市场。三是行业协会要做好协调服务。充分发挥桥梁纽带作用，搭建沟通、交流的平台，促进邮轮产业的投融资合作和技术交流；促进相关标准制订，规范行业行为；开展业务培训，培养邮轮产业发展人才。

邮轮产业是朝阳产业，具有国家战略利益与企业经济利益叠加，国防工业发展需求与邮轮产业发展需求叠加的双重优势。我相信，在有关主管部门和地方政府的关心、指导下，在行业协会和企业的共同努力下，我国的邮轮产业定会如今日的“海洋航行者号”一样，伴着初升的太阳，扬帆起航。

最后，预祝本届大会取得圆满成功。

谢谢大家！

邢力在第七届中国邮轮产业发展大会开幕式的致辞

国家质检总局通关业务司副巡视员　邢　力

尊敬的各位来宾女士们、先生们、朋友们：

上午好!

很荣幸参加第七届中国邮轮产业发展大会，与来自国内外邮轮产业的业界代表和专家学者一道，探讨推动邮轮产业快速发展的大计。在此，我谨代表国家质检总局，对本次大会的胜利召开表示热烈的祝贺!

中国邮轮产业发展大会举办7年来，为促进政府部门、行业协会、企业界和学术界之间的交流与沟通，增进相互了解与支持，拓展发展思路，创新发展理念，加强区域合作，推动邮轮产业发展繁荣，发挥了积极作用。

随着我国改革开放政策的深入实施，经济社会的快速发展，广大民众消费观念的深刻变革，我国的邮轮产业近年来发展迅速，展现出巨大的发展潜力和良好的发展前景。根据统计，2011 年中国大陆全年共接待国际邮轮262 艘次，同比增长17.5%，从我国沿海城市出发的国际邮轮全年有142 艘次，与2010 年同比增长49.5%，接待国内外邮轮游客50多万人次，其中乘坐邮轮赴海外旅游的大陆出入境游客达25万多人次，接待出入境国外邮轮游客25万多人次。从这些数据我们可以看出，我国的邮轮产业已在实现顺利起步的基础上快速发展，这些成绩是我们，特别是企业界艰苦奋斗、努力拼搏、开拓创新的结果，是我们辛勤汗水和聪明智慧的结晶。

作为中国政府主管全国出入境检验检疫的行政执法部门，国家质检总局在全国所有的口岸均设有出入境检验检疫机构，依法对进出中国国境的货物、人员以及包括邮轮、游艇在内的交通工具实施检验检疫和监管，以保障国门安全、国内农业安全和国内公共卫生安全。在依法履行职责、实施监管的基础上，为进一步提高执法把关效率、提升公共服务水平，我们以深入落实“抓质量、保安全、促发展、强质检”为工作方针，采取有效措施，努力推进检验检疫通关便利化建设，提升把关和服务能力，服务经济社会发展，取得了显著成效!

一是加强口岸检验检疫查验工作。口岸是国家设立的供人员、货物、交通工具等进出境的关口，是检验检疫执法把关的重要场所。国家质检总局先后修订完善了口岸设施建设、口岸查验方面的相关制度，规范了口岸检验检疫设施的建设要求，在部分口岸实施了集中查验制度，提升了检验检疫机构口岸查验能力和服务水平，提高了口岸人员、货物通关效率和物流周转速度。

二是深化检验检疫通关制度改革。国家质检总局先后修订完善了出入境报检、签证管理等相关制度，加强了检验检疫基本流程管理，推行“绿色通道”“直通放行”等便利措施，完善了检验检疫放行机制，简化了口岸出入境人员的检验检疫手续，在保证有效监管的基础上，为人员、货物、交通工具进出境提供了极大的便利。

三是不断完善检验检疫管理措施。我们全面应用信息化技术提高工作效率和管理水平，各地检验检疫机构通过与进出口企业和海关、港口、铁路、民航等部门的电子联网，实现进出境的电子申报、电子监管和电子通关放行的全过程信息化管理。我们不断改善口岸检验检疫查验设备条件，在口岸现场推广应用视频监控系统、体温自动监测仪器等，努力提高查验工作效率。我们不断完善对进出境交通工具所需保障物资的检验检疫措施，既维护了消费者的利益，也维护了产业发展所需的良好环境和氛围。

四是积极探索制定实施专项支持政策。我局高度重视并积极支持邮轮产业的发展。根据国家海南旅游岛建设的战略部署，国家质检总局在积极组织调研、广泛听取意见的基础上，对国际邮轮进出海南岛制定了专项支持政策，包括简化申报手续、单证后补、在非开放区域查验、有条件的免于悬挂检疫信号和扩大电讯检疫范围等简化游艇进出境手续的检验检疫优惠政策和便利措施，并制定了相关应急预案，努力服务海南游艇经济健康快速发展。国家质检总局还结合各地实际，发挥职能优势，有效服务了天津滨海新区、上海“两个中心”建设、海峡西岸经济区等区域发展战略，为2008年北京奥运会、2010年上海世博会等重大涉外活动提供了检验检疫保障服务。

“十二五”时期是中国经济社会全面发展的重要时期，是全面建设小康社会的关键时期，也是中国邮轮产业发展的重要机遇期。随着亚太地区经济发展、人们生活水平提高和配套设施的完善，包括中国在内的亚太地区将成为未来邮轮经济发展最快的区域。目前，内地沿海多地已建成了设施较为齐全的邮轮港口，为邮轮市场的开发和邮轮产业的发展提供了良好的基础条件。国家质检总局将按照国家的战略部署、产业的发展规律和企业的具体需求，认真总结有益经验，结合各地区邮轮、游艇产业发展实际，在邮轮、游艇的入境检疫申报、查验和放行方面，在邮轮、游艇所载游客及其携带物出入境检验检疫方面，在邮轮、游艇所需保障物资检验检疫方面，不断创新思路、完善措施，提高检验检疫把关服务效能和水平，为中国邮轮产业的发展保驾护航，为邮轮经济的繁荣作出新的贡献。

祝愿我国的邮轮产业蒸蒸日上、兴旺发达，祝愿各位来宾身体健康、工作顺利！

谢谢大家！

金伟程在第七届中国邮轮产业发展大会开幕式的致辞

公安部出入境管理局副处长　金伟程

尊敬的各位来宾，女士们，先生们：

上午好!

非常感谢中国交通协会、天津市政府的邀请，很高兴来到天津，来到美丽的东疆参加第七届中国邮轮产业发展大会暨国际邮轮博览会。

随着我国经济社会的快速发展，国外邮轮到访我国沿海港口的数量和频率不断增加，中国的邮轮产业和邮轮经济面临着重要的发展机遇。公安部关于《进一步提高边检服务水平的意见》指出，边检机关应“立足于服务国家经济社会发展大局，努力把握国际国内形势特点，加强对国家经济社会发展战略的研究，找准边检服务的结合点和着力点，主动出台配套的边检政策和工作措施，为国家经济社会发展战略的实施提供服务”，我局按照上述意见的要求，积极支持我国邮轮产业的健康持续发展，认真研究邮轮业界和出入境旅客的通关需求，为邮轮旅游努力营造优质高效的通关环境。

一、积极调整相关出入境政策措施。近年来，为进一步提高邮轮及旅客的通关效率，我局相继推出多项举措。2009年出台的《邮轮出入境边防检查管理办法（试行）》，是我局第一次针对一种具体的国际航行船舶推出的出入境边防检查管理办法，有效解决了此前制约邮轮经济发展的通关瓶颈问题。如允许在邮轮停靠港新登轮的旅客可在邮轮停靠的其他国内港口登陆观光，提高了邮轮旅行的吸引力；允许随邮轮抵达我港口但不登陆的旅客免办出入境手续；允许随邮轮出入境的外国籍旅客凭船方的《旅客名单》免填外国人入、出境卡等措施，通过简化手续不断提高通关效率。2012年9月1日试行的北京、天津、上海、广州等6城市非本市户籍居民可异地办证的政策，也将在一定程度上增加邮轮旅游的潜在客户。

二、坚持以服务为核心，营造口岸安全、顺畅、高效地通关环境。2012年1月1日公安部“12项便民措施”中，涉及邮轮旅游的有2条，其一是对以我国大陆港口为母港的邮轮上服务的外国籍船员和台湾船员签发年度多航次有效登陆证件，供其随该船舶工作期间在我国内相关港口登陆使用，免除原来每次出入境均需重新办理登陆证件的要求。其二是为提高随轮旅游团的通关速度，允许旅行社在事先预申报的情况下，旅行团成员可自由选择不同的边检查验通道分别办理出入境手续，减少邮轮旅客候检时间。各地边检机关也积极推出相关便民措施，服务邮轮旅客，如上海等地边检机关针对部分大型邮轮旅游团较多或部分邮轮同时停靠码头的情况，通过加强与船方、接待单位和旅行社的沟通联系，实行旅游团错时通关制度，提前安排好各旅行团的检查时间段，将旅客化整为零，避免现场出现拥堵现象，确保出入境通关环境井然有序。天津、厦门等地边检机关针对邮轮旅客中老年旅客较多的特点，在口岸现场开通“特别通道”，为老、弱、病、残或其他特殊情况的旅客优先办理边检手续。上海、广州等地边检机关针对部分邮轮临时停靠码头现场硬件条件不足的问题，研发启用了移动检查车，方便邮轮旅客及登轮人员在未设置边检现场的邮轮停泊点办理相关手续。天津、上海、厦门边检总站还在邮轮到访的港口专门设置了边检机关，努力提高服务邮轮经济的专业化水平。

三、加强与各有关单位的沟通协调，形成合力共推邮轮等新兴出入境形态出入境管理工作。近几年，以邮轮、游艇、公务机为代表的新兴出入境形态快速发展，按照公安部关于社会管理创新的要求，我局正在积极研究制定适应相关新兴出入境形态需求的出入境管理和边防检查政策措施。相关政策措施的有效实施需要国家部委、地方政府及口岸查验单位的共同支持和关心，需要相关行业协会、口岸经营单位、船方、代理等单位的密切配合。感谢中国交通运输协会邮轮游艇分会积极向有关部门提供国内外的行业动态和境外主管机关检查管理的调研报告，以及在协调相关部门便利邮轮、游艇出入境方面所做的大量协调工作。我们衷心地希望邮轮产业的相关单位今后能继续通过该协会或直接向我局提供这方面的宝贵意见和建议，共同推动中国邮轮经济的健康持续发展。

谢谢大家！